D1722362

achtzehnfünfundachtzig

1885

Geschichten aus der Geschichte
des Landkreises GIFHORN

2025

Calluna

achtzehnfünfundachtzig # 1885

Geschichten aus der Geschichte des Landkreises GIFHORN

Herausgeber	Landkreis Gifhorn
Verlag	*Calluna* Südheide Verlag, www.calluna-verlag.de
Redaktion, Layout, Umschlaggestaltung	Inka Lykka Korth
Texte und Fotos	Für den Inhalt zeichnen die Autorinnen und Autoren verantwortlich

Titelbilder

1 Das Schloss Gifhorn auf dem Altargemälde der Celler Schlosskapelle *(ab Seite 9)*. Bild: Fotostudio Loeper Celle

2 Ilse Charlotte Hermann *(ab Seite 101)*. Bild: Privatarchiv Karl-Heinz Rosanowski

3 Mose stützt den Kanzelkorb in der Kirche des Klosters Isenhagen *(ab Seite 29)*. Bild: Kurt-Ulrich Blomberg

4 Brief, den der Celler Herzog 1640 nach Knesebeck schickte *(ab Seite 41)*. Foto: Inka Lykka Korth

5 Kriegsheimkehrer-Doppelhochzeit 1946 in Müden. *(ab Seite 120)*. Bild: Privatarchiv Anneliese Leffler

6 Kirche in Wahrenholz 1929 *(ab Seite 77)*. Foto: Heimatverein Wahrenholz

7 Textilgeschäft Jacobsohn in Hankensbüttel *(ab Seite 55)*. Foto: Privatarchiv Volker Unruh

8 Sechs der 14 »Aller-Bullen« *(ab Seite 129)*. Foto: Privatarchiv Harald Harms

Druck	MHD Druck und Service GmbH, Hermannsburg
Klima- und Umweltschutz	*1885* wird so klimafreundlich und umweltschonend wie möglich vollständig in der Südheide hergestellt. Der Druck erfolgt mit biologisch abbaubaren Farben auf hochwertigem Recyclingpapier, das mit dem Umweltsiegel Blauer Engel zertifiziert ist. Sowohl Redaktion als auch Druckerei nutzen echten Ökostrom.

ISBN

978-3-944946-24-5

Beiträge für das Jahrbuch 2026

müssen bis zum 31. Juli 2025 unter der E-Mail-Adresse 1885@calluna-verlag.de eingereicht werden.

1885.calluna-verlag.de

Der 20. Juni ist der offizielle Gedenktag für die Opfer von Flucht und Vertreibung und zugleich auch ein Tag, an dem viele Gifhornerinnen und Gifhorner einst alles verloren haben, was sie sich aufgebaut hatten. In der sogenannten »Hildesheimer Stiftsfehde« am 20. Juni 1519 wurde die damals kleine Stadt größtenteils zerstört. Gleich zwei Beiträge in dieser Ausgabe unseres historischen Jahrbuchs nehmen Bezug auf dieses Ereignis. Die Kanonenkugeln, mit denen Gifhorn damals beschossen wurde, sind später bei Ausgrabungen in der Altstadt gefunden wurden, haben in Größe und Gewicht eine verblüffende Ähnlichkeit mit den Kugeln, die das Dach des Torhauses unseres Schlosses schmücken. Zufall? Die Autoren gehen dieser Frage nach.

Tobias Heilmann, Landrat des Landkreises Gifhorn und Herausgeber der Reihe *1885*.

Foto: Landkreis Gifhorn

Eine andere Frage, die im Zusammenhang mit dem 20. Juni 1519 gestellt wird, aber auch heute noch viele Menschen bewegt: Kann man als Christ Soldat sein? Der an den damaligen Ereignissen beteiligte Söldnerführer Asche von Cramm hat sie keinen Geringeren als Martin Luther gestellt. Dieser antwortete mit einer Denkschrift.

Zu denken gibt uns auch der Beitrag, der an die in Hankensbüttel heimischen jüdischen Familien Hirschfeld und Jacobsohn erinnert. Beide Familien waren einst im Ort gut integriert. Das schützte sie allerdings nicht vor der Verfolgung im Nationalsozialismus.

Keine Jüdin, sondern Christin und dennoch vom diktatorischen Regime interniert – das Schicksal der Wahrenholzer Pastorentocher und Pastorenfrau Thea Werthmann ist ein bewegendes Zeitdokument vom Anfang bis zum Ende des 20. Jahrhunderts. Aus ihrer Lebensgeschichte und weiteren Beiträgen erfahren wir, dass das Landleben nicht so idyllisch war, wie es mitunter gezeichnet wird. Gleichwohl bringen uns die die Schilderungen vom Alltag mit offenem Herdfeuer, kaltem Brunnenwasser und zugigem Plumpsklo auch ein wenig zum Schmunzeln. Noch amüsanter geht es in den plattdeutschen Anekdoten und der Ballade der »Aller-Bullen« zu.

Viel Vergnügen beim Lesen wünscht Ihnen

Tobias Heilmann

HISTORISCHE BEITRÄGE

Samtgemeinde Hankensbüttel

Hankensbüttel

Wittingen

Stadt Wittingen

Samtgemeinde Wesendorf

Wesendorf

Brome

Samtgemeinde Brome

Gemeinde Sassenburg

Westerbeck

Samtgemeinde Meinersen

Meinersen

Stadt Gifhorn

Gifhorn

Samtgemeinde Boldecker Land

Weyhausen

Samtgemeinde Isenbüttel

Isenbüttel

Meine

Samtgemeinde Papenteich

Kanonenkugeln im Boden – und auf dem Schloss?

Die Zerstörung Gifhorns in der »Hildesheimer Stiftsfehde« am 20. Juni 1519

INGO EICHFELD UND LENNART BOHNENKAMP

Am Montag, den 20. Juni des Jahres 1519, donnerte es über der Stadt Gifhorn. Auf dem Weinberg war eine Streitmacht von mehr als 7.800 Soldaten aufmarschiert. Befehligt wurde diese Armee von den beiden Welfenherzögen Heinrich II. (»der Jüngere«) von Braunschweig-Wolfenbüttel (1489–1568) und seinem Onkel Erich I. (»der Ältere«) von Calenberg (1470–1540). Insgesamt 24 Geschütze hatten die beiden Herzöge auf dem Weinberg aufgefahren. Nun richteten die Büchsenmeister ihre Kanonenrohre auf das blühende Städtlein, das sich unter ihnen im Allertal erstreckte. Die Stückknechte füllten das Schießpulver mit ihren Schaufeln aus den Pulverfässern in die Mündung der Vorderlader, schoben die schweren Kanonenkugeln hinterher und entzündeten die Lunte im Zündloch. Mit einem ohrenbetäubenden Knall begann die Beschießung der Stadt …

So ungefähr könnte die Zerstörung Gifhorns am 20. Juni 1519 nach dem Muster einer frühneuzeitlichen Belagerung abgelaufen sein (Eschelbach 1972, 278; Müller 1968, 17–19). Innerhalb eines Tages lag fast ganz Gifhorn in Schutt und Asche. Zerstört wurde an jenem Montag nicht nur die alte Befestigung, von der wir nicht genau wissen, ob sie den Charakter einer Burg oder eines Schlosses hatte. Auch die alte St.-Nicolai-Kirche, das alte Rathaus und zahlreiche mittelalterliche Bürgerhäuser gingen in Flammen auf (Roshop 1982, 14, 22–23; Beulshausen 2002, 9). Nie wieder sollte Gifhorn so stark zerstört werden wie an jenem 20. Juni 1519: nicht im Dreißigjährigen Krieg, nicht in den Stadtbränden von 1669 und 1725, nicht in den Napoleonischen Kriegen, auch nicht im Zweiten Weltkrieg (Roshop 1985, 3).

Die Zerstörung Gifhorns war nur Einzelereignis innerhalb eines verheerenden Krieges, der als »Hildesheimer Stiftsfehde« (1519–

1516 Heinrich der Jüngere verbündet sich mit Hildesheimer Stiftsadligen gegen den regierenden Bischof.

9

1523) in die Geschichtsbücher eingegangen ist. Zahlreiche Städte –
zu denen Gifhorn als Marktflecken zwar juristisch nicht zählte, aber
als stadtähnliche Siedlung faktisch gehörte (Roshop 1982, 21) –
wurden in diesem Krieg dem Erdboden gleichgemacht. Der Begriff
»Hildesheimer Stiftsfehde« ist deshalb, wie schon der niedersächsi-
sche Landeshistoriker Stefan Brüdermann (1997, 3) festgestellt hat,
»ein verharmlosender Name für einen vernichtenden regionalen
Krieg am Beginn des 16. Jahrhunderts in Nordwestdeutschland.«
Denn die Kriegsschauplätze und Kriegsparteien waren keineswegs
auf das Bistum Hildesheim beschränkt, sondern umfassten vielmehr das gesamte Herzogtum Braunschweig-Lüneburg mit seinen
drei Teilfürstentümern: dem Fürstentum Braunschweig-Wolfenbüttel im Süden, dem Fürstentum Calenberg im Westen und dem Fürstentum Lüneburg, zu dem auch Gifhorn gehörte, im Norden. Auf
der einen Seite kämpften die eingangs erwähnten Herzöge von
Braunschweig-Wolfenbüttel und Calenberg, auf der anderen Seite
der Herzog Heinrich I. (»der Mittlere«) von Lüneburg (1468–1532)
und sein Verbündeter, der Bischof Johann IV. von Hildesheim
(ca. 1483–1547). Aus diesen Gründen erscheint es sinnvoller, nicht
von der »Hildesheimer Stiftsfehde«, sondern vom »Braunschweig-
Lüneburgischen Krieg« zu sprechen (Bohnenkamp 2025).

Doch welche sichtbaren oder unsichtbaren Spuren hat dieser Krieg
in der Stadt Gifhorn hinterlassen? Zu den härtesten Fakten gehören
zweifellos Funde steinerner Kanonenkugeln, die bei verschiedenen
Anlässen in der Altstadt – womit hier der Bereich zwischen der Ise,
dem heutigen Schloss und der Torstraße gemeint ist – gefunden
worden sind. Diese Funde wurden zwar auch in der Vergangenheit
schon mit den Ereignissen des 20. Juni 1519 in Zusammenhang gebracht, bislang aber nie systematisch zusammengestellt oder näher
untersucht. Welche Rückschlüsse lassen sich aus den Kanonenkugeln auf den Standort der Belagerungsarmee, die Verwendung be-
stimmter Geschütztypen und den Standort des alten Schlosses ziehen? Mit einer Kombination aus historischen Quellen sowie archäologischen Funden und Befunden soll genauer als bisher rekonstruiert werden, was eigentlich am 20. Juni 1519 in Gifhorn geschah.

Steinerne Kugeln finden sich aber nicht nur im Boden, sondern
auch in luftigen Höhen, genauer gesagt auf den Giebeln des 1525/26

erbauten Torhauses des Gifhorner Schlosses (Henke u. Reinäcker 2020). Die gleiche Zier schmückt zudem die Giebel zweier Bauwerke, die in den 1540er Jahren von dem Baumeister Michael Clare errichtet wurden: die Schlosskapelle und das Kavalierhaus. Aufgrund des geringen zeitlichen Abstands zwischen der Zerstörung Gifhorns im Jahr 1519 und dem Baubeginn des Torhauses im Jahr 1525 ist es denkbar, dass für die Bekrönung der Halbkreisgiebel auch Kanonenkugeln genutzt worden sind. Die Bodenfunde aus der Gifhorner Altstadt zeigen ja bereits, dass es nicht schwer gewesen sein konnte, passende Kugeln in größerer Anzahl zu finden. Doch handelt es sich bei den Kugeln auf dem Torhaus tatsächlich um Kanonenkugeln?

GESCHÜTZE UND MUNITION UM DAS JAHR 1500

Um mehr über die Kugeln herauszufinden, ist es zunächst notwendig, sich genauer mit der Artillerie des frühen 16. Jahrhunderts zu beschäftigen. Aus einem Brief Herzog Heinrichs I. von Lüneburg vom 1. Juli 1519 wissen wir glücklicherweise, welche Geschütze er nach dem Sieg über die Herzöge von Braunschweig-Wolfenbüttel und Calenberg in der Schlacht bei Soltau am 28. Juni 1519 erbeuten konnte. Diese Geschütze mussten die Braunschweig-Calenbergischen Truppen auch acht Tage zuvor bei der Belagerung von Gifhorn am 20. Juni mit sich geführt haben: »Ich habe auch eyn gantz gut geschutze gewunnen nemlich 1 scharfe Metzen, iiii kartauwen, ii gantz geschickte nothslangen, 1 morser, 1 steinbuchsen, 1 slangen und xiiii feltslangen.« (Doebner 1908, 236; Stanelle 1982, 160 f.) Die Auflistung der Geschütztypen zeigt die ganze Bandbreite an modernen Feuerwaffen, wie sie nach der »Artillerierevolution« (Kroener 2013, 14 f., 55 f.) im 15. und 16. Jahrhundert auf den europäischen Kriegsschauplätzen zum Einsatz kamen. Nach dem Friesischen Krieg von 1513/14 war der Braunschweig-Lüneburgische Krieg von 1519 einer der ersten Kriege im norddeutschen Raum, in dem diese neuartigen Waffen flächendeckend erprobt wurden (Reitzenstein 1896, 74–83).

Die im Brief genannten Scharfmetzen (»scharfe Metzen«) und Kartaunen (»kartauwen«) waren schwere Belagerungsgeschütze, die Eisenkugeln verschossen und als Mauerbrecher gegen Befestigungsanlagen eingesetzt wurden (Abb. 1). Wahrscheinlich waren unter den vier Kartaunen der Braunschweig-Calenbergischen Truppen auch die zwei sogenannten »Singerinnen«, die Herzog Erich I. von

Abb. 1: Kartaune aus dem Zeugbuch Kaiser Maximilians I. um 1502.
Zeichnung: Bayerische Staatsbibliothek, Cod. icon. 222, Blatt 37r

Calenberg mit 20 Kanonenkugeln und 10 Tonnen Schießpulver im April 1519 für den bevorstehenden Krieg angefordert hatte (Doebner 1908, 73 f.; Müller 1968, 241). Ein Mörser, wie der Gifhorner Heimatforscher Fritz Brüggemann (1962, 144) angenommen hat, war die »Singerin« also ausdrücklich nicht. Die verschiedenen Geschütze vom Typus der Schlange waren leichtere Geschütze, die ebenfalls Eisenkugeln verschossen und sowohl für Belagerungen als auch für Feldschlachten verwendet werden konnten. Im Falle einer Belagerung feuerten sie in der Regel auf weniger stark befestigte Ziele wie Brücken und Türme. Die Mörser (»morser«) verschossen dagegen Steinkugeln und dienten als Belagerungsgeschütze dem Beschuss von verdeckten Zielen hinter den feindlichen Verteidigungsanlagen (Stanelle 1982, 160 f.; Müller 1968, 238–241; Wilson 2023, 123 f.).

Abb. 2: Steinbüchse (»Viertelbüchse«) aus dem Zeugbuch Kaiser Maximilians I. um 1502.

Zeichnung: Bayerische Staatsbibliothek, Cod. icon. 222, Blatt 44v

Von besonderem Interesse ist die Erwähnung der Steinbüchse (»steinbuchse«). Denn Steinbüchsen gehörten wie die Scharfmetzen und Kartaunen zu den schweren Belagerungsgeschützen (Abb. 2). Der einzige Unterschied bestand darin, dass Steinbüchsen nicht die von Glockengießern gegossenen Eisenkugeln, sondern die von Steinmetzen gemeißelten Steinkugeln verschossen. Die moderneren Eisenkugeln hatten allerdings eine höhere Treffsicherheit und Durchschlagskraft. Seit dem Ende des 15. Jahrhunderts verdrängten sie daher die veralteten Steinkugeln zunehmend aus der Belagerungsartillerie. Ein Vorreiter dieser technischen Weiterentwicklung war Kaiser Maximilian I. (1459–1519), der in seinem Zeughaus über den wohl modernsten Geschützpark Europas verfügte. Von Kaiser Maximilian wissen wir, dass er ab 1510 seine veralteten Steinbüchsen durch neuartige Bronzegeschütze mit Eisenkugeln ersetzte. Spätestens in den 1540er Jahren hatten sich Eisenkugeln überall in Europa durchgesetzt (Schmidtchen 1977, 83–85, 102–106; Wilson 2023, 122–124; Götschmann 2018, 105–107). Zur Zeit des Braunschweig-Lüneburgischen Krieges waren Steinbüchsen also bereits ein Auslaufmodell, wie der Militärhistoriker Volker Schmidtchen in seinem Standardwerk zur Belagerungsartillerie der Frühen Neuzeit festgestellt hat: »Einige schwere Steinbüchsen blieben daher bis in die erste Hälfte des 16. Jahrhunderts weiter im Gebrauch, während man im Zuge der um 1500 erfolgenden Standardisierung viele der alten bronzenen Steinbüchsen einschmolz und neue, im Kaliber kleinere, Eisenkugeln verschießende Typen goß.« (Schmidtchen 1977, 105–106; Wilson 2023, 125). So dürfte es sich bei der einzigen Steinbüchse der Braunschweig-Calenbergischen Truppen noch um einen veralteten Restbestand gehandelt haben. Lediglich die Mörser schossen auch im gesamten 16. Jahrhundert weiterhin mit Steinkugeln (Schmidtchen 1977, 91 f.; Ortenburg 1984, 70 f.).

Abb. 3: Kanonenkugeln aus Granit der Rathaus-Rettungsgrabung des Jahres 1982

Foto: Bernhard Schürmann, Gifhorn

KANONENKUGELN IN DER ALTSTADT

Wie einleitend erwähnt, wurden im Altstadtgebiet von Gifhorn wiederholt steinerne Kugeln gefunden, die wohl mit Recht als Kanonenkugeln angesprochen werden (Abb. 3). Es handelt sich um 13 Exemplare aus Granit, einem um 1500 bevorzugten Material zur Herstellung von steinernen Kanonenkugeln (Schmidtchen 1977, 102–106; Eschelbach 1972, 276). Aus Gründen der Vollständigkeit sei hier auch eine eiserne Kanonenkugel von 4,9 cm Durchmesser und 432 g Gewicht aufgeführt, die bei Erdarbeiten auf einem Grundstück südlich der Cardenap-Mühle gefunden wurde. Hinzu kommen drei Eisenkugeln unterschiedlichen Kalibers und Gewichts, zu denen jedoch keine Fundortangaben vorliegen. Auf dem Schlachtfeld bei Soltau wurden ebenfalls mehrere Eisenkugeln gefunden, darunter ein Exemplar mit einem ähnlichen Kaliber von 4 cm Durchmesser und 275 g Gewicht. Diese Kugel kann am ehesten dem Geschütztyp einer kleinen Schlange zugeordnet werden, wie sie in dem bereits zitierten Brief des Herzogs von Lüneburg belegt ist (Stanelle 1982, 187; Reitzenstein 1896, 63 f.). Die in der Gifhorner Altstadt gefundenen Steinkugeln können dagegen nur von der Steinbüchse oder dem Mörser stammen, da dies die einzigen Geschütze waren, die nicht mit Eisenkugeln schossen.

Aus dem höheren Vorkommen an Steinkugeln in der Altstadt darf allerdings nicht geschlossen werden, dass die Belagerungsarmee überwiegend mit ihrer Steinbüchse oder ihrem Mörser auf Gifhorn feuerte. Auch von den drei Belagerungen der Stadt Peine in den Jahren 1519 bis 1522 wissen wir, dass die Braunschweig-Calenbergischen Truppen nicht nur Steinbüchsen mit Steinkugeln, sondern auch Kartaunen mit Eisenkugeln gegen die Burgbefestigung einsetzten (Quaritsch 1959, 6–8, 13–23). Dieser historische Befund stimmt mit den Ausgrabungen überein, die 1998 auf dem Gelände der ehemaligen Burg Peine stattgefunden haben. So wurden im Burggraben »eine schwere Steinkugel und ein geplatztes Hohlgeschoß aus Gußeisen« (Koch 1999, 142) gefunden. Eine Antwort auf die Frage, warum es bislang nur eine sichere Fundstelle mit einer Eisenkugel im Gifhorner Altstadtgebiet gibt, findet sich in einem Bericht zur fast zeitgleich erfolgten Belagerung der süddeutschen Stadt Reutlingen im Januar 1519. Dort kamen wie in Gifhorn und Peine ebenfalls sowohl Stein- als auch Eisenkugeln zum Einsatz, doch wurden nach der erfolgreichen Eroberung der Stadt nur die Eisenkugeln aufgrund ihres höheren Materialwerts wieder eingesammelt und wiederverwendet (Schmidtchen 1977, 108 f.; Ortenburg 1984, 70 f.).

FUNDUMSTÄNDE UND KALIBER

Von den 13 Granitkugeln lassen sich sieben aufgrund ihrer Beschriftung sicher den Rathaus-Rettungsgrabungen des Jahres 1982 zuordnen. Eine weitere Granitkugel aus dem Besitz des ehrenamtlichen Bodendenkmalpflegers Wolfgang Georg (Beschriftung »Slg. Georg«) dürfte ebenfalls als Bodenfund anzusprechen sein. Diesen Exemplaren lassen sich fünf Kugeln aus dem gleichen Material anschließen, die sich aufgrund fehlender Beschriftung bisher einer genauen Einordnung entziehen.

Wichtig ist in diesem Zusammenhang ein im Ortsarchiv der Kreis- und Stadtarchäologie verwahrter Aktenvermerk des ehemaligen Museumsleiters Bernhard Zeitz, in dem dieser im Jahr 1963 die

Fundorte und Fundumstände von fünf Kanonenkugeln aus dem Altstadtgebiet näher erläutert. Bereits in diesem Vermerk äußerte er die Vermutung, dass die Kugeln von der Zerstörung Gifhorns im Juni 1519 stammen, ohne dies jedoch näher zu begründen. Seine weitere Vermutung, dass die Kugeln von einem Mörser, genauer gesagt der »Singerin«, abgefeuert wurden, ging wohl auf das damals gerade erst erschienene Buch von Brüggemann (1962, 144) zurück. Doch hatte Brügemann wie bereits erwähnt die »Singerin« fälschlicherweise als Mörser – und nicht als mit Eisenkugeln schießende Kartaune – identifiziert. Die fünf Kanonenkugeln hatten laut Zeitz alle das gleiche Kaliber. Leider finden sich in dem Aktenvermerk keine Angaben zum genauen Durchmesser oder Material. Zwei Geschosse waren bei Ausschachtungsarbeiten auf dem Grundstück der damaligen Tischlerwerkstatt im Cardenap 2-4 (heute Nicolaihof) zum Vorschein gekommen. Eine Kugel wurde bei beim Bau eines Kanals vor dem heutigen Schlosseingang in etwa 1,8 m Tiefe gefunden. Eine andere wurde beim Neubau der Isebrücke an der Cardenap-Mühle etwa 2 m unterhalb der Isesohle durch eine Bohrung entdeckt. Diese vier Kugeln gelangten direkt in den Besitz des Museums. Eine fünfte Kugel, die auf dem Baugrund des Rechtsanwalts Harder (heute Nicolaihof) gefunden worden war, wurde nicht abgegeben, sondern ging als Geburtstagsgeschenk an dessen Gattin.

Bei welchen der Kanonenkugeln aus dem Museum handelt es sich also um die fünf von Zeitz beschriebenen Kugeln? Die Granitkugeln aus Gifhorn lassen sich in zwei Gruppen aufteilen: Die erste Gruppe umfasst sieben größere Kugeln mit einem Durchmesser von 21 bis 22 cm und einem Gewicht von 12,2 bis 13,5 kg. Die zweite Gruppe bilden sechs deutlich kleinere Kugeln mit einem Durchmesser von 10,5 bis 13 cm und einem Gewicht von 1,4 bis 3,1 kg. Eindeutig zugeordnet werden können aufgrund ihrer Beschriftung die beim Bau des Rathauses im Jahr 1982 gefundenen zwei großen Kanonenkugeln und fünf kleine Geschosse. Bei der ebenfalls beschrifteten Kanonenkugel aus der ehemaligen Sammlung Georg handelt es sich auch um ein großes Geschoss. Unter den verbleibenden Kugeln sind also vier große und eine kleine. Die vier großen Kugeln sind somit wahrscheinlich diejenigen, die nach dem Aktenvermerk von Zeitz in den Besitz des Museums gekommen sind. Die kleine unbeschriftete Kugel stammt vielleicht von dem Gelände des benachbarten Nicolaihofs, wo 1984 ebenfalls eine Kanonenkugel aus Granitstein gefunden wurde (Gabriel 1997, 67).

Was verraten uns diese Kugeln über den 20. Juni 1519? Das Kaliber von Steinbüchsen und Mörsern war nicht standardisiert. Vielmehr war jede Steinkugel eine Spezialanfertigung für ein bestimmtes Geschütz, dem jeweils ein Steinmetz zugeteilt wurde (Eschelbach 1972, 276; Müller 1968, 237). Die größeren Kugeln aus Gifhorn entsprechen ungefähr den Steinkugeln (23 cm Durchmesser, 14 kg Gewicht), die zum Beispiel in den Burgunderkriegen (1474-1477) nachgewiesen werden konnten (Pause 2015, 280). Die recht einheitlichen Größen und Gewichte könnten darauf hindeuten, dass die Kugeln aus einem Geschütz abgefeuert wurden – ob Steinbüchse oder Mörser, lässt sich jedoch vorerst nicht zweifelsfrei klären. Ein Kugelgewicht von etwa 13 kg und ein Durchmesser von etwa 21 cm sind nämlich sowohl für Steinbüchsen als auch für Mörser um 1500 belegt (Schmidtchen 1977, 91 f.; Reitzenstein 1896, 63 f.).

Abb. 4: Kanonenkugeln auf dem Grund des Wasserlaufs bei der Rathaus-Rettungsgrabung 1982

Foto: Bernhard Schürmann, Gifhorn

Bereits der Umstand, dass die Geschosse aus Stein bestehen, deutet darauf hin, dass es sich um Kanonenkugeln aus der Zeit vor 1540 handeln dürfte. Diesen Zeitansatz untermauern drei Kanonenkugeln aus archäologisch dokumentiertem Kontext. Bei den Erdarbeiten zum Bau des Gifhorner Rathauses im Jahr 1982 konnten Mitglieder der Archäologischen Arbeitsgemeinschaft ein hölzernes Stauwehr und die Reste einer Wassermühle dokumentieren (Wendrich 1983; 1986, 30–32). Letztere ließ sich dendrochronologisch in das erste Drittel des 17. Jahrhunderts datieren (Eichfeld 2021). Östlich des Stauwehrs lagen drei Kanonenkugeln (Abb. 4) auf dem Grund des zugehörigen Wasserlaufs, der wohl als Mühlenstau anzusehen ist. Die Kugeln sollen sich in einer Art Korb aus dünnen Ruten befunden haben (Wendrich 1986, 36 f.). Durch ein weiter südlich gelegenes Stauwehr in der Straße »Cardenap« ist das Vorhandensein des Gewässers für die Zeit um 1493 mit 13 Dendrodaten abgesichert (Gabriel 2004; Gabriel 2023, 11–17). Scherbenfunde der bunten Weserware aus der Rettungsgrabung belegen, dass der Wasserlauf im Laufe des 17. Jahrhundert verfüllt worden sein muss (Wendrich 1986, 49). Die archäologische Datierung der Verfüllung passt also zu der dendrochronologischen Altersbestimmung der Mühle. Die drei Steinkugeln können nur vor der Verfüllung des Wasserlaufs an ihren Fundort gelangt sein.

Nachdem nun die genauen Fundorte der Kanonenkugeln ermittelt wurden, lassen sich diese kartieren. Dabei fällt auf, dass die Kugeln auf nahezu einer Linie liegen. Berücksichtigt man ferner die maximale Schussweite der um 1500 gebräuchlichen Geschütze, die rund 500 m betrug (Ortenburg 1984, 170), so sind Rückschlüsse auf den ungefähren Standort der Artillerie möglich (Abb. 5). Erstmals bestätigt sich, dass diese – wie schon von Brüggemann (1962, 143–145) vermutet – auf dem »Hohen Feld« oberhalb des Friedhofs am Weinberg gestanden haben dürfte. Dieser erhöhte Standort war eine Schwachstelle in der Verteidigung der Stadt, da sich von dort aus das Altstadtgebiet mit dem wohl ebenfalls hier gelegenen Schloss

Abb. 5: Fundorte von Kanonenkugeln im Stadtgebiet von Gifhorn im Verhältnis zur angenommenen Reichweite der Geschütze. Als Kartengrundlage dient der früheste genaue Stadtplan Gifhorns aus dem Jahr 1699, da die Topographie der Stadt um 1519 nur ansatzweise bekannt ist. *Karte: Ingo Eichfeld, Gifhorn*

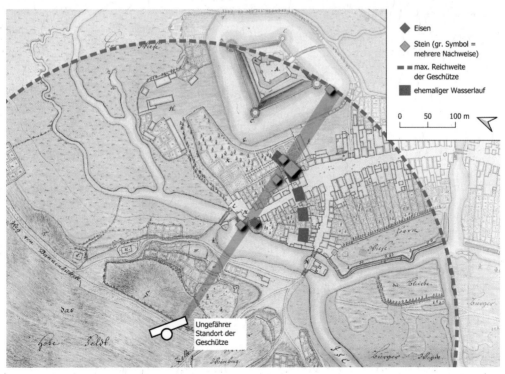

unter Beschuss nehmen ließ. Die erhöhte Schussposition ist zudem ein Hinweis darauf, dass die Verwendung eines Mörsers zum Beschuss verdeckt liegender Ziele im Falle Gifhorns überflüssig gewesen sein könnte. Eine Steinbüchse hätte den gewünschten Zweck vermutlich ebenso erfüllt. Die Konzentration der Kanonenkugeln innerhalb der Altstadt – insbesondere im Bereich von Rathaus und Nicolaihof – ist ferner ein Indiz dafür, dass der bislang noch nicht genau lokalisierte Vorgänger des heutigen Schlosses tatsächlich in diesem Bereich gestanden haben muss. Denn das Geschützfeuer der Braunschweig-Calenbergischen Truppen dürfte sich am 20. Juni 1519 vor allem auf das befestigte Schloss konzentriert haben. Die Annahme, dass eine 1984 beim Bau des Nicolaihofs entdeckte Spickpfahlgründung den Standort des alten Schlosses markiert (Wendrich 1986, 37 f.), ist jedoch nach neueren dendrochronologischen Untersuchungen nicht mehr haltbar, da die dazugehörigen Hölzer erst um das Jahr 1543 gefällt worden sind (Gabriel 2023, 23).

KANONENKUGELN AUF DEM GIFHORNER SCHLOSS?

Nach der weitgehenden Zerstörung Gifhorns erfolgte der Wiederaufbau, dessen prominentester Zeuge der 1525 begonnene Schloss-Neubau darstellt. Die auf den Halbkreisgiebeln von Torhaus und Kapelle angebrachten Steinkugeln (Abb. 6) sind ein für die Weserrenaissance charakteristisches Merkmal, das zum Beispiel auch bei

Abb. 6: Das Torhaus des Gifhorner Schlosses von Südwesten

Foto: Ingo Eichfeld, Gifhorn

Abb. 7: Das Schloss Gifhorn auf dem Altargemälde der Celler Schlosskapelle 1570

Foto: Fotostudio Loeper, Celle

den ebenfalls im 16. Jahrhundert erbauten Schlössern in Stadthagen und Schwöbber bei Hameln begegnet. Bereits die älteste Darstellung des Gifhorner Schlosses – ein Gemälde von 1570 auf dem Altar der Celler Schlosskapelle (Abb. 7) – weist darauf hin, dass die Steinkugeln sich schon seit der Einweihung des Baus auf den Giebeln des Torhauses befunden haben dürften.

Die wenigen Publikationen zum Gifhorner Schloss verraten nichts über das Material oder den Durchmesser der Kugeln. Einige Fotos in der Publikation zum Umbau des Gifhorner Schlosses in den Jahren 1978 bis 1984 (Buthe 1986) sowie weitere Bilder aus Privatbesitz zeigen indes, dass sich einige Steinkugeln zeitweise nicht auf den Giebeln befanden. Im Zuge des 1984 abgeschlossenen Umbaus scheinen allerdings fast alle Kugeln wieder angebracht worden zu sein. Ob dabei wirklich nur originale Kugeln verwendet worden sind, ließ sich nicht mehr ermitteln. Immerhin befinden sich in den Magazinbeständen des Museums bzw. der Kreis- und Stadtarchäo-

Abb. 8: Kalksteinkugeln mit eiser-
nem Vierkant vom Westgiebel des
Kavalierhauses

Foto: Lennart Bohnenkamp, Gifhorn

logie noch sieben Kugeln, deren genaue Herkunft zwar nicht geklärt
werden konnte, die aber wahrscheinlich vom Torhaus stammen.
Diese Kugeln bestehen im Gegensatz zu den Bodenfunden in der
Altstadt aus Kalkstein, nicht aus Granit, und sind in der Regel mit
einem Vierkant aus Eisen versehen. Dieser diente sehr wahrscheinlich dazu, eine Befestigung am Schlossgiebel zu ermöglichen. Die
Richtigkeit dieser Vermutung unterstreichen zwei weitere Kugeln,
die ebenfalls mit einem Vierkant versehen sind und einst nachweis-
lich am Westgiebel des Kavalierhauses angebracht waren (Abb. 8).

Die Nutzung von vergleichsweise weichem Kalkstein spricht keineswegs gegen eine Verwendung als Geschoss, wie entsprechende
Funde aus dem Schutt des Stadtbrands von 1540 in Einbeck (Heege
2002, 92) oder von der Belagerung von Neuss im Jahr 1474/75 belegen (Pause 2015, 273). Wie die Kugeln aus Granit lassen sich auch
jene aus Kalkstein in zwei Gruppen unterteilen. Die erste Gruppe
umfasst vier größere Kugeln mit einem Durchmesser zwischen 20
und 25,5 cm und einem Gewicht von 9,9 bis 16,3 kg. Die Größe
dieser Kugeln entspricht ungefähr jener der Kanonenkugeln aus
Granit. Der zweiten Gruppe sind kleinere Kugeln mit Durchmes-
sern von 15,0 bis 16,5 cm und einem Gewicht von 3,1 bis 4,6 kg

zuzuordnen. Eine sehr kleine (11,5 cm / 1,6 kg) sowie eine besonders große Kalksteinkugel ohne Vierkant (34 cm / 41 kg) bleiben dabei unberücksichtigt.

IN LUFTIGEN HÖHEN

Ein Vergleich zwischen den Kalksteinkugeln aus den Magazinbeständen und jenen auf dem Gifhorner Schloss wurde durch die freundliche Unterstützung von Roland Vasel und Jonas Brandt von der Freiwilligen Feuerwehr Gifhorn ermöglicht (Abb. 9). Zugleich wurde den beiden Autoren ein langersehnter Kindheitstraum erfüllt, indem sie am 6. Juli 2024 mit Hilfe des nagelneuen Leiterwagens der Gifhorner Feuerwehr eine Vermessung der Kugeln am Torhaus und an der Schlosskapelle vornehmen konnten. Die Messungen mussten sich dabei auf die Giebel des süd- und nordwestlichen Torhauses sowie der Schlosskapelle beschränken, da nur diese mit dem Leiterwagen erreichbar waren. Die Kugeln zeigen demnach allesamt recht einheitliche Größen (Tab.), wobei die grundsätzlich etwas kleineren »Kugeln« der Kapelle in drei Fällen tatsächlich als Heptaeder (»Siebenflächner«) gestaltet sind. Die auf dem Torhaus befindlichen, etwa gleich großen Kugeln zeigen jedoch, dass selbst für den Fall, dass beim Schlossumbau von 1978 bis 1984 nicht alle originalen Kugeln wiederverwendet wurden, die neuen Kugeln doch zumindest originalgetreu rekonstruiert wurden. Die Materialbestimmung wurde dadurch erschwert, dass die Kugeln mit Farbaufträgen versehen sind (Abb. 10). Augenscheinlich bestehen jedoch alle Kugeln aus Kalkstein.

Abb. 9: Vermessung der Kugeln auf den Giebeln des Gifhorner Schlosses

Foto: Ronja Bohnenkamp, Gifhorn

	Torhaus Südwest	Torhaus Nordwest	Kapelle
Anzahl Kugeln	40	18	8
Durchmesser min./max.	18,5 / 21,5	19,0 / 20,0	16,0 / 21,5
Durchmesser Durchschnitt	20,0	19,8	17,8
Median	20,0	20,0	17,0

Tab.: Anzahl und Größen der am Torhaus und der Schlosskapelle vermessenen Kugeln. Der Durchmesser ist auf 0,5 cm gerundet.

Auffällig ist, dass der Durchmesser der Kalksteinkugeln auf dem Torhaus fast exakt dem Durchmesser der Granitkugeln aus den Bodenfunden in der Altstadt entspricht. Das Fehlen von Granitkugeln auf den Giebeln lässt jedoch annehmen, dass die dort angebrachten Kugeln eigens als Zierelemente gefertigt wurden. Dennoch lässt sich auch nach den hier vorgestellten Untersuchungen in luftigen Höhen

1539 Herzog Ernst der Bekenner überlässt das Gifhorner Schloss seinem jüngeren Bruder Franz.

21

Abb. 10: Kanonenkugel auf dem Giebel des Torhauses mit Farbabplatzungen

Foto: Foto: Michael Werner

nicht mit letzter Sicherheit ausschließen, dass bei der Belagerung Gifhorns auch Kanonenkugeln aus Kalkstein verschossen und später beim Bau des Schlosses verwendet worden sind. Es gibt verschiedene Beispiele dafür, dass in den Mauern historischer Bauwerke mitunter Kanonenkugeln eingelassen wurden, dann jedoch eher als »Trophäen« aus einer siegreichen Schlacht bzw. nach einer überstandenen Belagerung (Pause 2015, 273, Abb. 2; Hesse 2012, 76, 101). Zumindest theoretisch besteht die Möglichkeit, dass nach der Beschießung vom 20. Juni 1519 nur Kanonenkugeln aus Kalkstein aufgesammelt und mit einem Eisenstift versehen worden sind. Hierfür spricht, dass Kalkstein leichter zu bearbeiten ist als Granit. Wären in diesem Fall aber nicht doch vereinzelte Funde von Kalksteinkugeln in der Altstadt zu erwarten?

Am Ende zeigt die Untersuchung der Kugeln sowohl in der Erde als auch in der Luft, dass zwar bereits einige, aber längst nicht alle Fragen zur Zerstörung Gifhorns am 20. Juni 1519 beantwortet werden konnten. Die Kombination aus historischen Quellen und archäologischen Befunden konnte jedoch erstmals genauer rekonstruieren, welche Geschütze von welchen Standorten auf welche Ziele der Gifhorner Altstadt feuerten. Umso wichtiger ist es, dass Erdaufschlüsse im Altstadtgebiet auch in Zukunft archäologisch begleitet werden, damit weitere aussagekräftige Bodenfunde – und vielleicht auch weitere Kanonenkugeln aus Granit oder sogar Kalkstein – ans Tageslicht kommen ∎

Der Aufsatz ist eine gekürzte und aktualisierte Fassung des Vortrags, den die Autoren am 6. März 2024 in der die Sonderausstellung im Gifhorner Schlossmuseum »Die Gifhorner Welfen – Alte und Neue Welten in unruhiger Zeit« (12. November 2023 bis 26. Mai 2024) begleitenden Vortragsreihe gehalten haben. Die Autoren danken dem ehrenamtlichen Bodendenkmalpfleger Heinz Gabriel für seine tatkräftige Unterstützung.

»Kann man als Christ Soldat sein?«

Mit dieser Frage wandte sich der Söldnerführer Asche von Cramm an keinen Geringeren als Martin Luther persönlich. Luther beantwortete die Frage mit einer ausführlichen Denkschrift. Aber wie kam es dazu? Und wie ging es weiter?

UWE GIERZ

Im Zusammenhang mit der Sonderausstellung im Historischen Museum Schloss Gifhorn über Herzog Franz bin ich wieder auf die Person Asche von Cramm gestoßen. Da dieser auch für Gifhorn eine Rolle gespielt hat, soll hier sein Leben und Umfeld dargestellt werden.

DIE FAMILIE

Die von Cramms gehören zu den alten Adelsgeschlechtern in Niedersachsen. Der Name rührt wahrscheinlich von der zerstörten Burg Cramme im Landkreis Wolfenbüttel her. Leider gibt es von der weit verzweigten Familie keinen zusammenhängenden Stammbaum. So bleiben an vielen Stellen die Familienbeziehungen unklar.

Asche von Cramm. Zeichnung von Lucas Cranach um 1525.
Quelle: Wikipedia

Der Söldnerführer Asche war der vierte gleichnamige Angehörige in direkter Linie. Der heute ungewohnte Name geht auf den lateinischen Namen Ascanius zurück. Im Deutschen kam auch die Form Aschwin vor. Sein Vater war stiftshildesheimischer Erbschenk. Seine Mutter Gisela stammte aus dem anhaltischen Adelsgeschlecht von Hoym. Geboren um 1580, ist weder über sein Aufwachsen und noch über Geschwister etwas bekannt. Er war verheiratet mit Margarethe von Brandenstein (um 1495–1527). Aus der Ehe ging eine Tochter namens Clara (um 1522–1579) hervor.

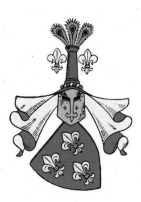

Wappen der Adelsfamilie von Cramm.
Quelle: Wikipedia

Asche von Cramm diente als Söldnerführer unter verschiedenen Herren. So lässt sich sein weiteres Leben an Hand der Schlachten erzählen, an denen er teilgenommen hat.

MARIGNANO 1515

Die Schlacht bei Marignano (heute Melegnano) in der italienischen Lombardei war eine kriegerische Auseinandersetzung zwischen den Eidgenossen und dem Königreich Frankreich um das Herzogtum Mailand. Die Niederlage bei Marignano beendete die Expansionsbestrebungen der Eidgenossen. Asche kämpfte als Anführer der sog. schwarzen Garde im Auftrag von Karl von Egmond, Herzog von Geldern, auf der Seite des französischen Königs Franz I.

Karl von Egmond, Herzog von Geldern *Quelle: Wikipedia*

SOLTAU 1519

Danach wechselte Asche nach Celle, wahrscheinlich auf Empfehlung von Herzog Karl. Denn dieser war der Schwiegersohn des regierenden Celler Herzogs Heinrich der Mittlere (1486–1532). Dort drohte ein großer Konflikt. Da konnte Heinrich militärische Unterstützung gut gebrauchen. Doch fehlte ihm wohl das Geld zur Bezahlung. So verpfändete Heinrich Burg und Ort Gifhorn an Asche. Angefangen hatte dieser besagte Konflikt relativ harmlos. Für seinen dritten Sohn Franz (1508–1549) suchte Heinrich ein geistliches Amt. Er fand dieses in Hildesheim. Mit dem dortigen Bischof Johann, der von 1504 bis 1527 regierte, einigte er sich darauf, dass Franz dort 1517 zum Koadjutor des Stifts ernannt wurde. Damit war Franz Anwärter auf die Nachfolge des regierenden Bischofs.

Heinrich der Mittlere, Miniaturbild um 1495 *Quelle: Wikipedia*

Allerdings befand Johann sich in einer schwierigen Lage. Er hatte ein Bistum übernommen, das hoch verschuldet war. Fast alle Ländereien waren an Angehörige des Stiftsadels verpfändet. Mit einer sparsamen Haushaltsführung konnte er nach und nach die Finanzen sanieren. Dies brachte ihm im Volksmund den Spitznamen »Hans Magerkohl« ein. Sein Versuch, mit den Überschüssen einzelne Ländereien wieder einzulösen, wurde von den Adeligen allerdings abgelehnt.

Stattdessen verbündeten sie sich mit Herzog Heinrich den Jüngeren von Braunschweig-Wolfenbüttel, der von 1514 bis 1568 regierte. Diesem Bündnis schlossen sich auch noch Heinrichs Onkel, Herzog Erich von Calenberg-Göttingen, der von 1495 bis 1540 regierte, und Heinrichs Bruder, Bischof Franz von Minden, der von 1508 bis 1529 regierte, an.

Auf der anderen Seite standen Bischof Johann und Heinrich der Mittlere. Damit wurde aus dem lokalen ein regionaler Konflikt. Es kam 1517/18 zu ersten Scharmützeln mit gegenseitigen Zerstörungen und Plünderungen.

Im Jahr 1519 eskalierte der Konflikt. Durch den Tod von Kaiser Maximilian, der seine Nachfolge nicht geregelt bekommen hatte, entstand im Reich eine Art Machtvakuum, das die Konfliktparteien ausnutzten. Es entwickelte sich ein blutiger Krieg, der unter dem Titel »Hildesheimer Stiftsfehde« in die Annalen einging. Beide Heere fielen zunächst in das Gebiet des Gegners ein, um dort zu plündern und zu brandschatzen. So standen am 20. Juni 1519 feindliche Truppen vor den Toren Gifhorns. Drei Tage vorher hatten diese Meinersen zerstört. Asche weilte bei den Truppen seines Herzogs. Vielleicht hatte er sogar Teile der Burgbesatzung mitgenommen. Den Gifhornern blieb nur die Flucht. Die feindlichen Truppen eroberten einen menschenleeren Ort, der dann geplündert und in Brand gesteckt wurde, darunter auch Burg und Kirche.

Am nächsten Tag zogen die Truppen weiter. Allzu weit sollten sie nicht mehr kommen. Am 28. Juni 1519 stellte sich ihnen bei Soltau das Heer von Heinrich dem Mittleren entgegen. Zwar gewann dieses die Schlacht, aber politisch sollte Heinrich der Mittlere den Konflikt verlieren. Denn die Hildesheimer Stiftsfehde hatte auch eine reichspolitische Komponente. Am Tag der Schlacht von Soltau wählten die Kurfürsten in Frankfurt den Habsburger Karl zum neuen deutschen König. Während die Verlierer der Schlacht, also Heinrich der Jüngere und Erich, treue Anhänger der Habsburger waren, stand Heinrich der Mittlere auf Seiten des Gegenkandidaten, König Franz I. von Frankreich. Das wurde ihm jetzt zum Verhängnis.

Der neue König Karl V. intervenierte auf Seiten seiner Anhänger. Daraufhin nahm Heinrich 1520 seine beiden älteren Söhne, Otto (1495–1549) und Ernst (1497–1546), in die Regierung auf und ging selbst an den französischen Hof ins Exil. Die Mitwirkung von Celle an der Stiftsfehde wurde beendet. Allerdings war Asche noch gut zwei Jahre mit der Betreuung der Gefangenen beschäftigt, die unter seiner Führung in der Schlacht bei Soltau gemacht wurden. Mit vielen Mühen gelang es den regierenden jungen Herzögen, aus dem hochverschuldeten Fürstentum Geld zur Bezahlung der Truppen aufzutreiben. Damit konnte dann auch Gifhorn wieder eingelöst werden. Weitere Aufgaben für Asche gab es hier nicht.

KOPENHAGEN 1523

Friedrich I. von Dänemark, Norwegen und Schweden. Kopie eines Gemäldes um 1500. *Quelle: Wikipedia*

Von Celle zog es Asche nach Norden. Dort gab es seit Jahrzehnten Streit unter den Nachkommen von König Christian I. von Dänemark, Norwegen und Schweden, der zugleich auch Herzog von Schleswig und Holstein war (1426–1481). Asche übernahm die Leitung der Truppen vom jüngsten Sohn Friedrich (1471–1533). Die Truppen konnten den Neffen Friedrichs, Christian II. (1481–1559), aus der Regierung in Kopenhagen vertreiben. Christian floh in die Niederlande. Von dort reiste er nach Wittenberg und besuchte Martin Luther. Er wurde ein Anhänger der Reformation, kam aber nicht wieder an die Regierung. Friedrich übernahm die Herrschaften als neuer König und Herzog.

FRANKENHAUSEN 1525

Johann der Beständige. Gemälde aus der Werkstatt von Lucas Cranach um 1540. *Quelle: Wikipedia*

Nach diesem Zwischenspiel finden wir Asche als Oberst am Hofe der sächsischen Kurfürsten Friedrich dem Weisen (1463–1525) und Johann dem Beständigen (1486–1532). Er führte eine Abteilung des sächsischen Heeres im Bauernkrieg siegreich in die Schlacht bei Frankenhausen. Nur wenige Bauern überlebten. Asche setzte sich beim Kurfürsten für Milde und Schonung der Gefangenen ein. Dieser Bitte kam der Kurfürst teilweise nach. Erschüttert von den Erlebnissen im Bauernkrieg und getrieben von Gewissensbissen, diskutierte Asche seine Erfahrungen mit Martin Luther.

Luther war ja in Wittenberg nicht nur Professor für Theologie, sondern auch Seelsorger an der Stadtkirche. Neben den Gesprächen mit Asche verfasste er eine Denkschrift »Ob Kriegsleute auch in seligem Stande sein können« (1526). Darin führte er aus: »Weil das Schwert von Gott eingesetzt wurde, die Bösen zu strafen, die Frommen zu schützen und Frieden zu schaffen, (...) so ist es auch unwiderlegbar genug erwiesen, dass Kriegführen und Töten und was Kriegszeiten und Kriegsrecht mit sich bringen, von Gott eingesetzt sind. Was ist Krieg anderes, als Unrecht und Böses strafen?« Nicht erlaubt ist nach seiner Sicht allerdings ein Krieg von Untertanen gegen ihre Obrigkeit, selbst die gewaltsame Beseitigung eines Tyrannen lehnte er ab. Möglich sei allerdings die Verweigerung des Kriegsdienstes, konkret die Nichtbeteiligung an offenkundig ungerechten Kriegen.

So gestärkt blieb Asche noch rund zwei Jahre am sächsischen Hof. Er nahm dort an einigen Turnieren als Kämpfer teil. Dann zog es ihn wieder fort.

BERGAMO 1528

Im Dienste von Herzog Heinrich dem Jüngeren kämpfte Asche in Italien unter Kaiser Karl V. gegen Franz I. von Frankreich. Der Feldzug verlief zunächst erfolgreich, die lombardischen Städte Bergamo und Lodi wurden belagert bzw. erobert. Doch da brach im Lager der Deutschen die Pest aus. Aus diesem Grund und weil der Kaiser den versprochenen Sold nicht zahlte, brach der Herzog den Feldzug ab. Auch Asche hatte sich angesteckt. So starb der Feldherr nicht auf dem Schlachtfeld, sondern auf dem Rückweg in der Schweiz.

Heinrich der Jüngere. Grabstein in der Wolfenbütteler Marienkirche.

Quelle: Wikipedia

NACHTRAG

Kehren wir zum Schluss noch einmal nach Gifhorn zurück. Ein Jahr später gab es hier wieder einen von Cramm. Heinrich von Cramm wurde 1529 neuer Amtmann in Gifhorn. Vorher war er lange Zeit Probst des Klosters Wienhausen gewesen. Er war reformatorisch gesinnt. Seine verwandschaftlichen Beziehungen zu Asche sind nicht bekannt. Unter seiner Leitung wurde hier im gleichen Jahr die Reformation eingeführt. ∎

Sprechende Bilder

Die aufwendig und detailreich gestaltete Kanzel in der Kirche des Klosters Isenhagen erzählt allerlei biblische Geschichten – und von einem Künstler, der Humor hatte.

KURT-ULRICH BLOMBERG

D ie Kanzel in der Klosterkirche Isenhagen ist sehr aufwendig mit einem besonderen Bildprogramm ausgestattet. Sie ist einmalig im Isenhagener Land und Umgebung. Ursprünglich war sie bestimmt für die Celler Stadtkirche und wurde 1610 in der Regierungszeit von Ernst II., Herzog von Braunschweig-Lüneburg (1592-1611), als Geschenk des milden und gottesfürchtigen Herzogs in der Stadtkirche aufgestellt. Als man die Stadtkirche 1677-86 barockisierte, wurde sie durch eine neue Kanzel ersetzt und für 27 Reichsthaler an das Kloster Isenhagen verkauft. 1684 kam die Herzogskanzel in die Klosterkirche (Boehn, S. 56).

VON DER HERZOGSKANZEL AUS CELLE ZUR KLOSTERKANZEL IN ISENHAGEN

Die Kanzel besteht aus Kanzelkorb gestützt durch eine figürliche Säule, einer Treppe als Kanzelaufgang sowie dem Schalldeckel. Sie befindet sich auf der linken Seite der Kirche vor dem Chor zwischen zwei hohen gotischen Fenstern. Dem Braunschweiger Bildhauer Hans Röttger und/oder seiner Werkstatt wird Kanzel und Schalldeckel zugeschrieben. Sie entstand 1610 in der Übergangzeit von der Spätrenaissance zum Frühbarock. Wobei der architektonische Aufbau und das Zierwerk der Spätrenaissance zuzurechnen sind und die plastischen Figuren dem Frühbarock. Besonders ist außerdem »die Verwendung von Gemälden neben dem plastischen Schmuck [...], so künstlerische Gestaltungsarten aus dem Mittelalter herübernehmend.« (Boehn, S. 59) Hier verbinden sich also mittelalterliche Stilelemente mit denjenigen der Renaissance und des Barocks.

TRAGEFIGUR

Der Kanzelkorb steht auf einer etwa 1,70 m großen geschnitzten und farbig gefassten Tragefigur, die einen Wanderstab in der Hand hält. Aus den Jahren 1931 und 1951 gibt es im Isenhagener Kreis-

Foto gegenüberliegende Seite:
Insgesamt rund 7 m hoch ist die Kanzel mit Schalldeckel in der Klosterkirche. *Foto: Kurt-Ulrich Blomberg*

1648 Der Dreißigjährige Krieg endet am 24. Oktober mit dem Westfälischen Frieden.

29

Mose als Stütze des Kanzelkorbes.
Foto: Kurt-Ulrich Blomberg

kalender Fotos der Tragefigur, die sie mit einem (über)großen Schwert in der Hand zeigt. Das Schwert gehört zu den Attributen, mit denen üblicherweise der Apostel Paulus gekennzeichnet wird. Aber schon 1931 bemerkte Baule: »Kühn ist der ganze reiche Aufbau [der Kanzel] auf die Schultern der Tragefigur gesetzt, die ursprünglich wahrscheinlich Moses war, jetzt aber durch die Beigabe des Schwertes zum Paulus umgestaltet worden ist.« Später weist er darauf hin, dass eine Paulusfigur schon am Treppenaufgang am linken Türpfosten vorhanden ist. Er meint, dass eine doppelte Paulusdarstellung unwahrscheinlich sei. Ursprünglich hätte die Figur statt dem Schwert einen Wanderstock in der linken Hand gehabt, »wodurch Mose oft charakterisiert wurde.« (Baule, S. 99) Bei einer Renovierung um 1965 ist das Schwert durch einen Wanderstab ersetzt worden (s. Foto bei Apphuhn, S. 81). In dieser Version ist die Tragefigur heute zu sehen. Der Wanderstab weist darauf hin, dass Mose die Person ist, die das Volk Israel aus der Sklaverei in die Freiheit des Gelobten Landes geführt hat (2. Buch Mose). Mose war allerdings nicht nur der Führer in die Freiheit, er hatte auch eine dunkle Vergangenheit. Er erschlug im Zorn einen Menschen (2. Mose 2,11/12).

Es gibt in der Braunschweiger St. Martini-Kirche ebenfalls eine Kanzel aus der Röttgers-Werkstatt. In ihrem Aufbau Tragefigur-Treppenaufgang-Kanzelkorb-Schalldeckel ist sie ähnlich gestaltet wie die Isenhagener Kanzel. Deutliche Unterschiede gibt es in den Figuren und Farben.

Besonders interessant ist die Tragefigur. Sie ist ein plastisch dargestellter St. Martin zu Pferd, der gerade seinen Mantel mit dem Schwert teilt, um ihn dann mit dem ihm zu Füßen knienden Bettler zu teilen. Dargestellt ist eine den Namensgeber der Kirche charakterisierende Szene. Die Kanzel hat also einen direkten Bezug zur Kirche, für die sie bestimmt war.

Wahrscheinlich hat es bei der Herzogs-(Kloster-)Kanzel an ihrem ursprünglichen Standort in Celle ebenfalls einen Bezug auf die Schlosskirche bzw. den Stifter der Kanzel gegeben. Dann könnte in der Mosefigur eine Führungsfigur zu sehen sein, mit der sich der Stifter in besonderer Weise verbunden sah. Er war der regierende Fürst seiner braunschweig-lüneburgischen Erblande und wusste

St. Martin zu Pferd. Tragefigur in der St. Martini-Kirche in Braunschweig.
Foto: Kurt-Ulrich Blomberg

sich dazu berufen von Gottes Gnaden. Ein solcher Zusammenhang bleibt allerdings eine Vermutung, denn Archivalien etc., die das belegen, liegen nicht vor.

TREPPENAUFGANG

Der Treppenaufgang zur Kanzel hat eine Tür mit geschmiedeten Gehängen aus der Entstehungszeit. Den Türpfosten vorgesetzt sind die Figuren des Apostels Paulus mit dem Schwert in der Hand (links) und des Apostels Petrus mit dem Schlüssel (rechts).

Paulus ist als Saulus zunächst ein entschiedener Gegner des christlichen Glaubens. Nach einer Christusvision (Apg. 9,1ff) wird er der Apostel, der die christliche Botschaft von Kleinasien nach Europa bringt. Von ihm sind eine Reihe von wichtigen Texten in das Neue Testament aufgenommen. Der Legende nach ist er durch das Schwert als Märtyrer gestorben. Petrus ist der Apostel, von dem Jesus nach neutestamentlicher Überlieferung gesagt hat: »Du bist Petrus, und auf diesen Felsen will ich meine Gemeinde bauen, [...] Ich will dir des Himmelreichs Schlüssel geben, [...]« (Mt. 16,18/19) Das kennzeichnende Attribut des Petrus ist daher ein Schlüssel. Zu Petrus gehört aber auch die Verleugnung Christi nach dessen Gefangensetzung (Mk 14,66ff). Wer durch diese Tür zur Kanzel hinaufgeht, um eine Predigt zu halten, begegnet also zwei Personen, deren Bekenntnisse zu Christus ihm Vorbild sein können und vor deren Versagen er sich hüten sollte.

Auf den Füllungen der Tür zum Treppenaufgang befinden sich zwei Bibeltexte, die die Bedeutung des Wortes Gottes hervorheben. Obere Füllung: Ps. 119,105 »Dein Wort ist meines Fußes Leuchte und ein Licht auf meinem Wege.« Untere Füllung: Luk. 11,28 »Seelig sind die Gottes Wort hören und bewahren.« Die Außenseiten der Treppe zieren Renaissance-Ornamente und aufgesetzte Apostelfiguren; bestimmbar durch ihre Attribute, z.B. Jakobus der Ältere mit der Jakobsmuschel am Pilgerhut, Andreas, Bruder des Petrus, mit dem Andreaskreuz, Simon Zelotes mit der Säge, Johannes, Bruder Jakobus des Älteren, mit dem Kelch.

Zu Jakobus ist anzumerken, dass der Reliquienschrein des Apostels in der Kathedrale von Santiago de Compostela auch heute

Apostel Jakobus mit Pilgerhut, Muschel und Pilgerstab.

Geflügelte Karyariden tragen den Kanzelkorb.   *Foto: Kurt-Ulrich Blomberg*

Eine Karyatide (griech. καρυάτιδα »Frau aus Karyai« in Lakonien) ist eine Skulptur, die eine Frau darstellt. Sie wird in der Architektur anstelle einer Säule oder eines Pfeilers bei Portalen und der Fassadengliederung verwendet, hat daher auch eine tragende Funktion.   *Quelle: Wikipedia*

An der Seite von Matthäus ein geflügeltes Menschlein mit Krug.
Fotos: Kurt-Ulrich Blomberg

noch das Ziel zahlreicher Pilger ist. Mit der Muschel am Hut führt der Pilger den Nachweis, dass er sein Ziel, Santiago, erreicht hatte. Denn diese speziellen Muscheln gibt es nur an der Atlantikküste der nordwestlich gelegenen spanischen Region Galicien.

KANZELKORB

Der Boden des Kanzelkorbes wird getragen von fünf geflügelten *Karyatiden*, die in den Händen in Rollwerk gefasste aus Holz gearbeitete Schmucksteine tragen. Auf dem mit geflügelten Engelsköpfen (Sinnbilder für die Cherubinen) gestalteten Gesims oberhalb stehen die vollplastischen Evangelisten mit ihren Attributfiguren jeweils auf Konsolen zwischen zwei korinthischen Säulen.

Die vier Evangelisten sind von ihren Attributfiguren begleitet. Matthäus hat ein geflügeltes Menschlein an seiner Seite, das einen Krug hochhält.

Markus wird von einem kleinen vergoldeten Löwen begleitet. Lukas hält ein Buch in den Händen und zu seinen Füßen sitzt ein kleiner geflügelter Stier. Johannes trägt Griffel sowie Schreibtafel. Neben seinem rechten Fuß hat sich ein kleiner goldener Adler niedergelassen. Die Attributfiguren beziehen sich auf Textstellen aus der Bibel: Ez 1,10/Off 4,6-8

Zwischen den Aposteln befinden sich jeweils übereinander zwei Ölbilder. Dargestellt sind Engel und Gegenstände zusammen mit Sinnsprüchen. Sie nehmen Bezug auf Ereignisse aus der Leidenszeit Christi, wie sie in den Evangelien dargestellt werden. Und zwar:

Zwischen Matthäus und Markus
Bild oben: Ein nach rechts blickender Engel, im linken Arm ein brennender Fackelkorb auf einer Stange, in der Hand ein über den Arm gehängtes Seil, in der rechten Hand einen Beutel, im Vordergrund ein weiterer Gegenstand. Spruch:

Das Ohr die Fackl und beutel acht
Wie manchen geitz in Not gebracht

Deutung: Die Nacht im Garten Gethsemane (Fackel), das Seil, mit dem Jesus gefesselt abgeführt wird, der Geldbeutet für die vierzig Silberlinge, die Judas für seinen Verrat erhielt.

Bild unten: Ein Engel mit gesenktem Kopf, in der Hand ein Kreuz, auf dem Tisch eine Waschgarnitur. Spruch:

> *Der glaub allein uns macht gerecht,*
> *die werke sind des negsten knecht*

Deutung: Jesus stirbt am Kreuz, Pilatus wäscht seine Hände in Unschuld.

Ölbilder zwischen den Aposteln Matthäus und Markus und Markus und Lukas. *Foto: Blomberg*

Zwischen Markus und Lukas

Bild oben: Ein Engel mit Huhn, Handschuh, Stöcke, Wollknäuel. Spruch:

> *Die fron das rhor des hann geschrei,*
> *zur gedult dich mahnen alle drei*

Deutung: Petrus verrät Jesus, der Hahn kräht dreimal

Bild unten: Ein Engel mit einer Trompete sowie einer Lanze in der Hand, auf dem Tisch vor ihm drei geworfene Würfel mit den Augen eins, zwei und drei. Spruch:

> *Das Kreutz ist zwar ein bitter kraut*
> *Doch bringt es mit sich ewich gut*

Deutung: Die Trompete kündigt die Ewigkeit an, mit einer Lanze wurde dem am Kreuz verstorbenen Jesus in die Seite gestochen, die Würfel verweisen auf die Soldaten, die um den Rock Jesus würfelten.

Zwischen Lukas und Johannes

Bild oben: Ein Engel am Tisch auf dem eine Rute liegt. Spruch:

> *Wilt dich nicht Fleisches lust ergeben*
> *So merck die rütt und geisel ebn.*

Deutung: Verweis auf die Geißelung Jesus

Bild unten: Ein Engel hinter einem geöffneten steinernen Sarkophag die Sargabdeckung in der Hand haltend. Spruch:

> *Weil mein herr Christ erstanden ist*
> *Den todt acht ich zu keiner Frist.*

Deutung: Auferstehung Jesu und ihre Bedeutung für den Christenmenschen.

Oberhalb der Apostelfiguren und der Bilder befinden sich Engelköpfe im Kanzelgesims, darüber die ausladende, verkröpfte Brüstung der Kanzel.

SCHALLDECKEL

Die Kanzel hat mit Schalldeckel die bemerkenswerte Höhe von rund 7 m. Der Deckel wird von einem umlaufenden sechseckigen Gesims getragen, dass mit Renaissance-Ornamenten geschmückt ist sowie konsolartige vergoldete Widderköpfe in den Ecken hat. Auf der Unterseite mittig als Sinnbild des Heiligen Geistes ist eine Taube zu sehen, die im bestirnten Nachthimmel über der predigenden Person schwebt. Gerahmt wird der Deckel innen von geflügelten Engelsköpfen sowie Konsolen mit aufgesetzten Puttengesichtern. Auf dem Gesims vorne eine Wappenkartusche mit einer Mariendarstellung, auf beiden Seiten allegorische Frauenfiguren und zwischen den Figuren vier Brustbilder. Dazu kommen gedrechselte kelchförmige balusterartige Aufsätze mit ausgezogenen Spitzen. Auf dem Schalldeckel ein kleiner säulengetragener sechseckiger Pavillon mit einer viereckigen turmartigen Dachhaube.

Anzumerken ist, dass der Schalldeckel in seinem Gesims mit in Rollwerk eingefasste Diamantquader hat. Der Bereich der vollplastischen Frauenfiguren auf dem Deckel mit den Rahmungen der Apostelbildnisse und den kelchartigen Balusteraufsätzen ist mit Barock-Elementen geschmückt. Auch die reich gestaltete Innenseite des Deckels mit geflügelten Engelsköpfen, goldenen Sternen und puttengeschmückten Konsolen zeigt barocke Pracht. Am Schalldeckel scheinen mehr Schmuckelemente aus dem Barock zu sein als am Kanzelkorb. Ob sich aus diesen Unterschieden auf eine vom Kanzelkorb unterschiedliche Anfertigung des Deckels speziell für die Neuaufstellung 1684 in der Klosterkirche schließen lässt, bleibt offen. Leider gibt es keine bekannte Abbildung aus der Celler Stadtkirche, die die Kanzel mit oder ohne Deckel im ursprünglichen Zustand zeigt.

Baule beschreibt Figuren und Wappenkartusche auf dem sechseckigen Schalldecken (von links nach rechts) als allegorischen Figuren von Wahrheit, Glaube, Liebe, Hoffnung, Gerechtigkeit und Stärke. Und: »Zwischen den Figuren der Liebe und Hoffnung erscheint das alte Wappen des Klosters [...] die Jungfrau und Mutter Maria sitzend mit dem göttlichen Kinde auf dem Schoße, in der Rechten ein Zepter haltend.« (Baule, S. 99) Maria ist – wie bei allen

Zisterzienserklöstern – die Patronin des Klosters; »bis heute wird die Darstellung der Muttergottes im Siegel des Klosters verwendet.«(Klosterkammer, S. 63)

Zur Wappenkartusche wird angemerkt (Boehn, S. 59): Die Wappenkartusche stimmt überein mit dem herzoglichen Wappen in der Celler Stadtkirche, »nur daß das herzogliche Gesamtwappen 1684 durch das Gemälde der Schutzpatronin des Klosters, der Jungfrau Maria mit dem Christuskinde, ersetzt und die 3 Helmzieren: das springende Lüneburger Pferd, die Bärenklauen von Hoya und die beiden Büffelhörner mit den 8 dänischen Flaggen damals entfernt wurden.« Ist das richtig, so wurde auf recht pragmatische Weise die herzogliche Kanzel für den Gebrauch im Kloster umgearbeitet. Da die Kanzel ein Geschenk des Celler Herzogs war, wird sie auch sein Wappen getragen haben, um so an den Stifter zu erinnern.

Die vier Brustbilder sind Abbildungen der Evangelisten und werden zusammen mit den sechs Bildern an der Kanzel dem Celler Hofmaler Wilhelm de S. Simon zugeschrieben (Boehn, S. 59).

Die allegorischen Figuren stellen christliche und antike Tugenden dar. Auf der linken Seite ist die Klugheit oder Wahrheit (Spiegel/ Schlange) zu finden. Dann folgen die christlichen Tugenden nach 1. Kor. 13,13: Glaube *(fides)*, Liebe *(caritas)*, Hoffnung *(spes)*. Zu erkennen sind sie an ihren Attributen Kreuz und Bibel, Mutter mit zwei Kindern und Anker zusammen mit Taube. Dann kommen die

Darstellungen von zwei antiken Tugenden: Gerechtigkeit (Waage/ Schwert) sowie Weisheit (Papyrusrolle).

Der Schalldeckel trägt einen sechseckigen Pavillon, dessen Dach auf Säulen mit dorischen Kapitellen aufliegt. Die Ecken des Aufbaues sind durch gedrechselte Zierelemente gestaltet, dazwischen weitere hölzerne Zierelemente mit farbig gefassten Quadern. Mittig wird er bekrönt von einer kleinen turmartigen viereckigen Dachhaube mit gedrechselten Spitzen in jeder Ecke. Dieser Aufbau überragt die allegorischen Figuren und die Wappenkartusche.

Der Pavillon ist möglicherweise ein architektonisches Zierelement. Es könnte aber auch sein, dass unter ihm eine – zwischenzeitlich entfernte – Figur stand. Passend würde hier ein auferstandener Christus sein. Aber das ist eine Vermutung, die derzeit nicht belegt werden kann. Es ist auch daran gedacht worden, dass der Pavillon ein Hinweis auf das Neue Jerusalem sein könnte. (Off. 21, 19ff) Dann hätte der Aufbau einen direkten neutestamentarischen Bezug und würde auf den endzeitlichen Ort verweisen, auf den sich die Hoffnungen der Christen für die Zeit nach dem Tod richten. Doch der Pavillon hat sechs offene Seiten, das Neue Jerusalem wird aber als Ort mit vier Seiten beschrieben mit je drei Toren pro Seite.

Eine endzeitliche Hoffnung wird auch in dem mittelalterlichen Klappaltar des Klosters gezeigt im Bild rechts unten. Dort führt der auferstandene Christus Adam und Eva als Sinnbilder für die ganze Christenheit aus dem Höllenrachen. Der Schöpfer der Figurengruppe hatte Humor. An Adams rechter Wade klammert sich ein kleines Teufelchen. Entweder wollte es Adam am Verlassen der Hölle hindern oder es hatte selbst die Hölle satt und wollte ihr angeklammert an Adam entfliehen.

WAS DIE KANZEL ERZÄHLT

Die Kanzel nimmt mit ihren einzelnen Elementen Bezug auf biblische Begebenheiten und belebt antike Traditionen. Der Hinweis auf die Antike ist typisch für die Zeit der Renaissance. Zusammengefasst: Die Kanzel erzählt dem Betrachter Geschichten.

Jesus der Auferstandene führt Adam und Eva aus dem Höllenrachen. Ein Teufelchen will das verhindern, indem es sich an Adams rechter Wade klammert.

Foto: Kurt-Ulrich Blomberg / Detailzeichnung: Dagmar Gentner

Das beginnt mit der Tragefigur. Sie stellt mit Mose einen Freiheitshelden dar. Der Wanderstab erinnert an eine Episode aus der Wüstenwanderung. Nach 2. Mose 17,1-7 schlägt Mose mit seinem Stock auf einen Felsen. Anschließend quillt aus dem Wasser. Die Wüstenwanderer können damit ihren brennenden Durst stillen. An Kanzeln steht das ‚hervorquellende lebenserhaltende Wasser' im übertragenen Sinn für die Predigt des Wortes Gottes, für den geistlichen ‚Redefluss'. Ihm wurde ebenfalls belebende Qualität zugeschrieben. Im Alten Testament ist Mose eine der besonders wichtigen Personen. Auf ihm ruht die Kanzel mit den vier Evangelisten. Die wiederum sind die Berichterstatter über Leben, Tod und Auferstehung von Jesus Christus, der zusammen mit dem Gott-Vater und dem Heiligem Geist das Zentrum der Christengemeinschaft bildert. Was heißt: Das Neue Testament stützt sich auf das Alte Testament. Beides gehört zusammen, aus dem einen entwickelt sich das andere, wobei das Alte die Basis des Neuen ist.

Auch die Bilder auf der Kanzel mit ihren Sinnsprüchen erzählen Geschichten. Sie erzählen sie mit Vorstellungen und Gegenständen aus ihrer Zeit. Hier lässt sich Einiges entdecken. Die Höhe der Kanzel erschwert dem Besucher allerdings die Betrachtung.

Die Person, die in der Kanzel predigend steht, ist umgeben von den Evangelisten. Deren Texte aus dem Neuen Testament liegen oft der Predigt zugrunde. Die Evangelistenfiguren sind daher auch Legitimitätsfiguren, die die Authentizität des Predigers (heute auch der Predigerin) unterstützen. Die Figuren von Petrus und Paulus an den Pfosten der Treppe, die zur Kanzel hinaufführt, sind dem Prediger Ermutigung zum Bekenntnis und zugleich Hinweis auf die Notwendigkeit der Demut als Einsicht in die eigene Begrenztheit und Fehlerhaftigkeit. Über dem Prediger schwebt die Taube als Symbol des Heiligen Geistes. Ein Hinweis auf die ermutigende Ausgießung des Heiligen Geistes auf die Jünger am Pfingstfest. Die Treppe hinauf geht der Prediger begleitet von den Figuren einiger Apostel, deren Attribute etwas erzählen über ihre Lebens- und Sterbensgeschichte.

Die Vielzahl der verschiedenen Engelsfiguren betonen noch einmal die große Bedeutsamkeit der übrigen Darstellungen. Sie heben ihre Transzendenz hervor und verweisen auf eine Wichtigkeit, die sich nicht in innerweltlichen Dingen erschöpft, sondern über sie hinausweist.

Auf dem Schalldeckel stehen Statuen, die mit den Tugenden Verhaltensweisen vorstellen, die dem menschlichem Zusammenleben förderlich sind. Zurückgegriffen wird über die christlichen Vorstellungen hinaus auch auf antike Tugenden. Zusammengestellt ist auf dem Schalldeckel eine bunte Reihe tugendhafter Eigenschaften oder Verhaltensweisen: Klugheit oder Wahrheit, Glaube, Liebe, Hoffnung, Gerechtigkeit sowie Weisheit (oder Stärke). Hierbei handelt es sich um eine bewusste Auswahl von Tugenden, denn die antiken und christlichen Tugendkataloge kennen weitere Tugenden, die hier keinen Platz gefunden haben. Denkbar ist, dass der Celler Herzog als Stifter der Kanzel auf diese Auswahl Einfluss genommen hat.

Bedeutung kommt auch dem sechseckigen säulengestützten Pavillon zu. Sollte er ein Symbol für das Neue Jerusalem sein als den Ort Gottes für den Menschen, so symbolisiert er die christliche Hoffnung auf eine unbegrenzte Zukunft bei Gott. So gesehen beginnt der Lebensweg des Menschen auf dem Weg in die Freiheit. Dafür steht Mose. Der Mensch kann sich orientieren an den Evangelisten, den Tugenden sowie den Worten des Predigers. Sein Ende hat der Lebensweg bei Gott als dem Ort der Geborgenheit nach dem Tod. Dafür könnte sowohl das Neue Jerusalem stehen wie auch eine Figur des Auferstanden. Als architektonische Bekrönung könnte man in dem Aufsatz die symbolische Erhöhung des Wortes Gottes sehen. Das wäre ein Hinweis auf die Reformation mit ihrer Neubewertung der Texte der Bibel sowie der Predigt als Auslegung des Wort Gottes.

Bilder können sprechen und Geschichten erzählen, wenn man ihnen Aufmerksamkeit zukommen lässt. In der Entstehungszeit der Kanzel hatte das noch größere Bedeutung als heute, da seinerzeit die Analphabetenrate wesentlich höher war. Sprechende Bilder waren da besonders wichtig. Über Bilder konnten auch Leseunkundige mit einer neuen Botschaft bekannt gemacht werden. Es ist nicht abwegig, die Bilder und Bildfolgen von damals als Vorläufer der Comics von heute anzusehen. Die Inhalte mögen sich unterscheiden, aber spannende Geschichten erzählt auch die Kanzel in der Klosterkirche Isenhagen.

Anzumerken ist, dass die Wertschätzung der Isenhagener Klosterkanzel keineswegs selbstverständlich ist. Bei Minthoff wird sie 1877 in seinem Standardwerk über Kunstdenkmäler und Altertümer im Hannoverschen nicht erwähnt.■

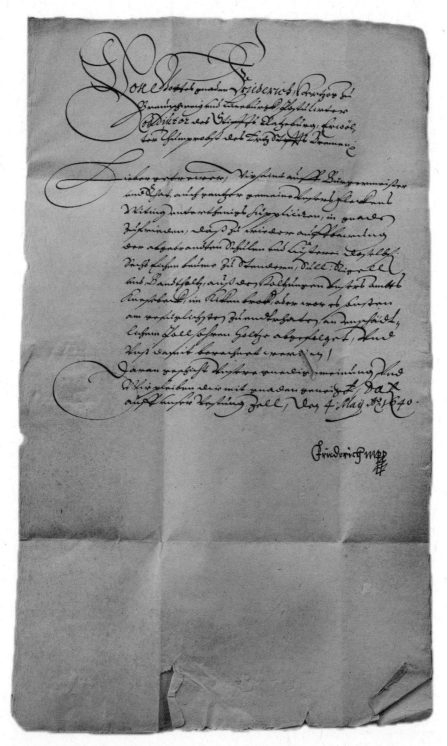

Der Brief des Celler Herzogs endet mit wohlgesetzten Worten: »Daran geschieht Unsere gnedige meinung, Und wir pleiben dir mit gnaden geneiget, Dat auff Unser Vestung Zell, den 4. May A. D. 1640.« Tatsächlich war das Celler Schloss damals noch eine mit dicken Wällen und Wehrtürmen an den Ecken gesicherte Bastion, wie ein zeitgenössischer Stich von 1643 zeigt.

Foto: Inka Lykka Korth

Sechs Eichen aus den »Holtzungen« des Herzogs

Nachdem in Wittingen Schule und Küsterhaus abgebrannt sind, erbarmt sich Friedrich IV. und stiftet Bauholz für den Wiederaufbau. Der 385 Jahre alte Brief an den Knesebecker Amtschreiber wird in einer mit Papieren vollgestopften Sporttasche entdeckt.

INKA LYKKA KORTH

I m Dreißigjährigen Krieg (1618–1648) hatten sich 1639 zwei schwedische Regimenter in Wittingen einquartiert. Während und wahrscheinlich auch wegen ihrer Anwesenheit wurde ein Großteil der Häuser durch eine Brandkatastrophe zerstört. Betroffen waren auch Schule und Küsterhaus. Aber bereits im darauffolgenden Frühjahr gab es gute Nachrichten für die leidgeprüften Wittinger: Der Knesebecker Amtschreiber Güntzel Knoren (Nachname im Dokument schwer entzifferbar) hat Post aus der Residenzstadt Celle bekommen und kann nun Bürgermeister und Rat die freudige Mitteilung machen, dass Herzog Friedrich höchstpersönlich die Entnahme des für den Wiederaufbau der abgebrannten Schule und des Küsterhauses benötigten Bauholzes aus dem Staatsforst genehmigt hat. Mit Schreiben vom 4. Mai 1640, eingetroffen in Knesebeck am 8. Mai 1640, erteilt »von Gottes Gnaden Friedrich, Hertzog Zu Braunschweig und Lüneburgk, Postulierter Coadiutor des Stifts Ratzeburg, Erwölter Thumprobst des Ertz Stiffts Bremen« die Erlaubnis, »in den Holtzungen Unseres Ambts Knesebeck« sechs Eichen zu fällen. Dies könne entweder im Kiekenbruch geschehen oder »wo es sonsten am gefüglichsten« ist.

Aus heutiger Sicht ist weniger der Inhalt des Schreibens als vielmehr das Schriftstück selbst bemerkenswert. Dieses ist nun immerhin 385 Jahre alt – und dafür in einem ausgesprochen guten Zustand. Das amtliche Schreiben, dass, wie damals üblich, ohne Briefumschlag verschickt worden ist, besteht aus einem gefalteten Blatt

Friedrich IV., Herzog zu Braunschweig und Lüneburg (1574–1648) regierte von 1636 an als Fürst von Lüneburg mit Regierungssitz in Celle. Außerdem war er Bischofadiutor (Beistand) des Bistums Ratzeburg und gewählter Propst des Erzbistums Bremen. Nach seinem Tod wurde er in der Fürstengruft in der Stadtkirche St. Marien in Celle beigesetzt. Das Gemälde eines unbekannten Malers entstand 1640, in demselben Jahr, in dem auch der Brief an den Knesebecker Amtschreiber aufgesetzt wurde.
Foto: Wikipedia, gemeinfrei

Außenseite des an »Unserm Ambt-schreiber zu Knesebeck, und Lieben getreuen, Güntzell Knoren (?)« adressierten Briefes. Wittingen gehörte damals zum Amt Knesebeck. Bei der roten Farbe handelt es sich im Reste des Siegels, mit dem der Brief verschlossen war. Neben dem Eingangsvermerk mit Datum 8. Mai 1640 hat offenbar der Amtschreiber den Inhalt des Briefes zusammengefasst: »Zur wyderauffbawung der Abgebrandte Schulen Undt Küsterey Zu Wietingen sollen 6 Eichen beume Zu Stender, Süll, Ziegel und Bandt-holtz, auf des Ambts Knesebeck höltzungen am Pollsohren Holtze angewiesen, undt berechnet werden.«

Foto: Inka Lykka Korth

Papier mit der Mitteilung auf der Innen- und der Anschrift auf der Außenseite. Verschlossen war der Brief mit dem herzoglichen Siegel. Reste des roten Siegellacks sind noch deutlich erkennbar.

Der Brief befand sich im Nachlass des Gifhorner Zahnarztes Dr. Fritz Brüggemann (1904–1985), der sich nebenbei als Heimatforscher betätigt hat und Autor der Werke »Gifhorn – Die Geschichte einer Stadt« (1962) und »Ein Herzog namens Franz« (1973) ist. »Erst viele Jahre nach dem Ableben meines Vaters habe ich ihn in einer mit Notizen, Zeitungen, Fotos, Briefen vollgestopften Sporttasche gefunden«, berichtet sein Sohn Dr. Karsten Brüggemann. Er wisse nicht, wie sein Vater einst in den Besitz des historischen Schriftstücks gekommen ist. Wahrscheinlich hat es ihm jemand überlassen, der es ebenfalls im Nachlass eines Verwandten gefunden hat und meinte, bei einem so renommierten Heimatforscher sei es gut aufgehoben. Immerhin hat die Stadt Gifhorn Fritz Brüggemann 1976 für die »Aufhellung der Geschichte der Stadt sowie Erstellung eines Standardwerkes und Heimatbuches« die Ehrenplakette verliehen. Dass sein Vater den Brief auf einem Flohmarkt erworben haben könnte, hält Karsten Brüggemann für unwahrscheinlich, denn Fritz Brüggemann sei kein Flohmarktbesucher gewesen.

Karsten Brüggemann möchte nun, dass der Brief in öffentlichen Besitz übergeht und übergibt ihn deshalb zur sicheren Verwahrung an das Kreisarchiv.■

Eine neue Schule für Gifhorn

Rektor Schrader lobte »den großen Nutzen, den diese Anstalt auf die physische und moralische Bildung der Jugend hat.«

UWE GIERZ

Heutzutage ist Schule ein Dauerthema, das reichlich Diskussionsstoff bietet und immer wieder für Aufregung sorgt, insbesondere wenn Lehrpläne geändert oder Reformen angestoßen werden. Da überrascht es sicherlich zu erfahren, dass es früher lange Zeiträume gab, in denen das Thema Schule in der öffentlichen Wahrnehmung kaum eine Rolle spielte – einfach deshalb, weil sich nichts änderte, sozusagen alles beim Alten blieb.

Nach der Reformation bildete sich in Gifhorn eine Schulstruktur heraus, die über 200 Jahre Bestand hatte. Es gab drei Lehrerstellen. Die Knaben unterrichtete der Küster, für die Töchter gab es eine Lehrerin (»Lehrwase«). Für die älteren Kinder bis zur Konfirmation war ein Rektor zuständig. Er musste zusätzlich mit seinen Kindern bei Gottesdiensten und Beerdigungen den Gesang anleiten und trug deshalb auch den Titel Kantor. Rektoren hatten in der Regel ein abgeschlossenes Theologiestudium. Die Rektorenstelle diente als Sprungbrett (oder Warteposition) zur Übernahme einer Pfarrstelle.

Doch gegen Ende des 18. Jahrhunderts kam es zu Änderungen. Und die wurden ausgerechnet vom Militär angestoßen. Der siebenjährige Krieg hatte gezeigt, dass die kleinen Festungen gegen die wachsende Feuerkraft der Kanonen wirkungslos waren. So wurden gegen 1780 auch in Gifhorn die Wälle und Bastionen geschleift und Teile des Grabens zugeschüttet. Das Schloss erhielt den neuen Zugang, der noch heute besteht. Damit verlor Gifhorn aber auch die Garnision, die hier stationiert gewesen war. Nun hatte aber diese zum größten Teil die Stelle eines Organisten bezahlt. Diese Bezahlung fiel jetzt weg. Die Kirchengemeinde konnte diesen Teil nicht noch zusätzlich übernehmen. Also musste das Personal neu organisiert werden. Gebildet wurde eine neue Kombinationsstelle aus Küster- und Organistendienst sowie Töchterlehrer. Der Rektor war seitdem für alle Knaben zuständig. So musste Gifhorn mehrere Jahrzehnte mit nur zwei Lehrern auskommen. Laut Schulbericht von 1793 waren das zum Beispiel in dem Jahr immerhin 244 Kinder.

Erster Inhaber dieser Kombinationsstelle war Heinrich Christian Bühring (1755–1832). Er besetzte sie von 1782 bis zu seinem Tod.

Werfen wir an dieser Stelle einen kurzen Blick auf die Entwicklung im Land. Auf private Initiative (!) war 1751 in Hannover ein Lehrerseminar errichtet worden. Damit gab es erstmalig die Möglichkeit, Volksschullehrer für ihre Aufgaben besonders auszubilden. Gegen Ende des Jahrhunderts verbreitete sich dann im Land die Idee zu einer neuen Schulform, der Industrieschule. In der Universitätsstadt Göttingen wurde 1785 eine solche eingerichtet, die teilweise bis zu 300 Kinder besuchten.

Dr. Johann Carl Volborth als Universitätsprofessor in Göttingen. Kupferstich von H. Schwenterley, 1791.   *Repro: Uwe Gierz*

Von dort kamen dann auch die entscheidenden Impulse nach Gifhorn. So trat 1792 Dr. Johann Carl Volborth (1748–1796) seinen Dienst als neuer Superintendent an. Dieser holte dann im folgenden Jahr noch Georg Eberhard Schrader (1764–1820) als Rektor hierher. Beide hatten in Göttingen studiert und gearbeitet. Schrader fasste seine Vorstellungen zu dieser neuen Schule dann in einer Denkschrift (vom 20. April 1793) zusammen:

»Gleich bey dem Antritte meines Amtes war dies sehnlicher Wunsch meines Herzens, mit der hiesigen Lehrschule eine Industrieschule, nach dem Muster der Wagemannischen Industrieschule zu Göttingen, verbinden zu können.

Durch den nähern Umgang, den ich einige Jahre im gedachten Institute hatte, und durch öftern mündlichen Unterricht des würdigen H. Pastor Wagemanns, belehrt, wurde ich auf mannigfaltige Art mit dem großen Nutzen bekannt, den diese Anstalt auf die physische und moralische Bildung der Jugend hat, aber auch zugleich bekannt mit den tausendfachen Schwierigkeiten, welche sich der Ausführung derselben entgegen stellen. Doch von diesen Hindernissen fand ich hier um so weniger zu fürchten, je mehr ich bey meinem ersten Besuche bey dem Herrn Oberamtmann Plate erfuhr, wie sehr derselbe schon vor mehrern Jahren gewünschet, den Wunsch des Königl. Consistorii (= Behörde für Kirchen- und Schulsachen) in dieser Absicht zu erfüllen, und je mehr ich fand, wie unerwartet

Das alte Schulgebäude von 1787 in einer Aufnahme vom Anfang des 20. Jahrhunderts. Im Erdgeschoss des Hauses, das heute die Adresse Steinweg 18 hat, gab es zwei Klassenräume, darüber zwei Wohnungen für Küster und Rektor. Der Raum für die Industrieschule lag zunächst im ersten Stock, wurde dann 1802 ins Dachgeschoss verlegt.

Foto: Sammlung Günter Dröge

schnell die hiesige Bürgerschaft, durch meine Schilderungen der vielfältigen Vortheile einer solchen Anstalt, sich für dieselbe einnehmen ließ. Nur der Kostenaufwand, welcher durch eine solche Veränderung veranlaßt werden würde, war es, wodurch man sich allenthalben abschrecken ließ, weil die Bürgerschaft bey ihren jetzigen Umständen nicht im Stande wäre, die Kosten aus ihren dürftigen Mitteln zu stehen.«

Beim Neubau des Schulgebäudes 1787 war bereits vorgesorgt worden. In der Wohnung des Rektors wurde ein Schulraum extra für eine Industrieschule vorgesehen. Und von der Regierung in Hannover wurden 50 Taler zur Einrichtung des Raumes als Geschenk bewilligt.

Aber was ist überhaupt eine Industrieschule? Dabei dürfen wir nicht von der heutigen Verwendung des Wortes Industrie ausgehen. Das Wort, aus dem französischen übernommen, meinte ursprünglich »Betriebsamkeit«. Es ging schlicht um die Herstellung von Produkten aus den Rohstoffen. Schrader beschrieb seine Ideen so: »Fast in allen Bürgerfamilien ist die Flachsspinnerey die allgemeine Beschäftigung, wodurch die meisten Eltern ihre Kinder, sowol Knaben, als Mädchen von der Strasse abhalten. Und für die meisten Familien ist dies auch der einzige Erwerb im Winter; und nur im Sommer, wo man sich hier mit unsäglicher Mühe auf den Feld- und Gartenbau legt, wird weniger auf jene Beschäftigung gerechnet. Mein Wunsch ist demnach der, die Baumwollenspinnerey durch den Unterricht in der Industrieschule nach und nach bekannter, beliebter und allgemeiner zu machen.«

Zur Einrichtung der Schulstube sollte folgendes angeschafft werden:
- einige Bänke für die Strickenden,
- vier kleine Stühle für die Spinnenden,
- acht bis zwölf Paar Stricknadeln,
- vier Baumwollen-Räder, jedes mit doppelten Spindeln, damit jeder Schüler für seine Arbeit sein eigenes Rad habe,
- etwa zwei Haspel,
- vier Paar Baumwollen-Kratzen, damit jedes Kind seine Wolle »nach der jedesmaligen nöthigen Quantität« selbst kratzen kann,
- eine ansehnliche Quantität Baumwolle zum Spinnen, und etwa auch Wollen Garn, oder Zwirn zum Stricken,
- eine Waage,
- einen Arbeits-Schrank mit einigen Auszügen,
- Holz zur Heizung der Arbeits-Stube.

Die Kinder sollten zusätzlich manuelle Fähigkeiten wie Spinnen und auch Stricken erlernen und ausführen. Wie sich zeigte, wurde dabei die Grenze zur Kinderarbeit überschritten.

Das erkennt man bereits an der ersten Abrechnung, die der Küster Bühring nach einem Jahr Betrieb am 16. September 1794 vorlegte. Es wurden vier neue Spinnräder vom Drechsler Jahns für 3 Taler und 4 Groschen beschafft. Der Verkauf des hergestellten Garns brachte Einnahmen von 16 Talern, 33 Groschen und 4 Pfennigen. Die Kinder bekamen für ihre Tätigkeit 8 Taler, 35 Groschen und 4 Pfennige ausbezahlt.

Das Interesse der Kinder war groß. So berichtete Schrader von 45 Knaben, die mitmachen wollten. Davon konnte er allerdings aus Platz- und Materialgründen nur 25 annehmen. Dazu kamen noch 10 Mädchen.

So reichte bald der Raum in der Wohnung nicht mehr aus. Platz vorhanden war noch im Dachgeschoss des Hauses. Für die Schulen in Gifhorn zuständig war der Inhaber der zweiten Pfarrstelle, zu der Zeit Pastor Ernst Balthasar Becker, der von 1793 bis 1803 in Gifhorn amtierte. Da es ihm nicht gelang, für den Ausbau die Genehmigung der Behörde zu erhalten, ließ er den Ausbau 1802 auf eigene Kosten vornehmen. Das brachte ihm zwar hinterher einigen Ärger ein, aber letztlich bekam er seine Ausgaben von rund 118 Talern ersetzt.

Bereits 1799 hatte Georg Eberhard Schrader Gifhorn verlassen und die Pfarrstelle in Elbingerode angetreten. Nachfolger in Gifhorn wurde sein Bruder Johann Christoph Dietrich Schrader (1766-1830). Dieser führte die Arbeit der Industrieschule fort, wobei seine Ehefrau die Betreuung der Kinder übernahm. Im Jahr 1808 konnte er von 41 Kindern – 14 Knaben und 27 Töchter – berichten, die mitmachten. 1810 verließ auch dieser Gifhorn und wurde Pfarrer in Ribbesbüttel.

Für die Zeit danach gibt es kaum noch Unterlagen. Der Höhepunkt der Industrieschule war eindeutig überschritten. Die Rektorenstelle blieb zwei Jahre unbesetzt. In dieser Zeit wurde eine neue dritte Lehrerstelle für einen Elementarlehrer (für die Schulanfänger) geschaffen. Deren Finanzierung schmälerte allerdings die Einnahmen für die Rektorenstelle.

In der Industrieschule musste die Verarbeitung von Baumwolle aufgegeben werden, da diese sich finanziell nicht mehr lohnte. Die Mechanisierung der Stoffherstellung machte sich bemerkbar. Die Industrieschule wurde auf Kinder aus den beiden Konfirmandenjahrgängen beschränkt. Die Leitung übernahm jetzt der Superintendent. So berichtete 1819 Superintendent Dietrich Heinrich Ritscher (amt. 1803–1819), dass »die Kinder zwey mal in der Woche nach vollendeten Confirmanden Unterricht zur Industrie Schule gehen, in welcher die Tochter insbesondere in Nähen und Flicken, die Söhne aber in Stricken anweisung erhalten«.

Und 1821 heißt es im Schulbericht: »Die Indüstrie Schule ist vor einiger Zeit aus Mangel an Fond (= Finanzierung) und bequemen Locals aufgehoben. Diese Gründe dauern fort.«

Ein letzter Eintrag findet sich zehn Jahre später: »In der Stadt wird für die Töchter der Wohlhabenden durch mehrere Lehrerinnen im Nähen, Stricken und Sticken Unterricht ertheilt.« Da dieser Unterricht extra bezahlt werden musste, konnten sich das nur die wenigsten Eltern leisten. ■

EINGESTREUT

WIEHNACHTEN

Een lütschet Bäumelein greunt im deipsten Dann,
dat Oog et kuum erspähen kann.
Do wohnt hei in de Wildnis Schoot
und ward ganz heimlich schmuck und groot.
De Jäger achtet nicht up ömm,
dat Rehlein springt bie ömm vörbie,
de Stierne bloss, de allet seiht,
erschauen dat Bäumlein an wie schön.
Do, mitten in det Winters Graus,
erglänzt et fromm im Öllernhuus.
Wecke hat ömm mit eenem Moal
hendroagt öber Berg und Toal?
Dat hat de Heilige Christ getoan,
kieck dick nu recht dat Bäumelein an!
De unsichtboar hütte ingekehrt
hat manchet Liebe dick beschert!

Ilse Oertel

»Einige Dinge, welche wohl nicht ihre ganze Richtigkeit haben«

Grundstücksangelegenheiten sorgen für Konflikte. Gamsens Bauern unterliegen schließlich im Rechtsstreit gegen das Amt.

KARSTEN EGGELING

Gamsen hat 1817 unter den Steuerpflichtigen eine Seelenzahl von 300 bei 40 Feuerstellen. Das Dorf hat also einigen Zuwachs bekommen und ist größer geworden. Daraus ergeben sich auch Konflikte, denn Gamsens Bauern wollen zwar Grundstücke zu Geld machen, um sich und ihre Höfe abzulösen und zu sanieren, selbst aber möglichst keine neuen Hofstellen zulassen, die den Gemeindebesitz schmälern. Sie argumentieren 1828, »... daß ihnen nicht angesonnen werden könne, wider ihren Willen Anbauer sich aufdringen zu lassen«. Doch das Amt will die Zahl der Steuerpflichtigen erhöhen und kontert: »Nicht den Gemeinheits-Interessen sondern der Grundherrschaft steht die Bewilligung von Anbauplätzen aus der Gemeinheit zu; das Königliche Amt hat daher zunächst selbst, als Vertreter der Grundherrschaft, zu untersuchen, ob und wo ein solcher Anbau-Platz zweckmäßig auszuweisen, und wenn sodann dagegen von den Interessenten Widersprüche erhoben werden, diese nach Anleitung der Verordnung vom 22. Nov. 1768 näher zu erörtern.«

Im Jahr 1832 kommt es jedoch zu einer besonders heftigen Auseinandersetzung zwischen der Dorfschaft Gamsen und dem Amt Gifhorn. Postverwalter Georg Engelbert Löbbecke vertauscht ein ihm gehöriges Stück Land mit dem Kleinköthner Wilhelm Kreutzmann und Löbbecke erhält dafür dessen bisherige Hofstelle und verpflichtet sich auf alle Zeiten, an dieser Stelle nicht zu bauen. Diese Sache hat eine Vorgeschichte. Ursprünglich befand sich dort eine Kleinköthnerstelle, die später abgebrannt ist. Die Vorbesitzer wol-

Dieser Ausschnitt aus der Kurhannoverschen Landesaufnahme von 1780 zeigt Gamsen in seiner damaligen Größe. In den folgenden Jahrzehnten stieg die Zahl der Feuerstellen und Einwohner deutlich an.

Repro: Inka Lykka Korth
Quelle: Sonderdruck des Nds. Landesverwaltungsamtes – Landesvermessung – 1996

len woanders neu aufbauen und diese Stelle will der Postverwalter Löbbecke nun übernehmen. Doch von den Gamsenern erfolgt geharnischter Protest wegen »... der dringenden Gefahr, in unsern Rechten beeinträchtigt zu werden, welche wir ihrer Wichtigkeit wegen unmöglich aus den Händen geben. ... Wir sehen uns genöthigt, Königliche Landdrostei ... um gnädige Sicherung jener anzuflehen.« Gamsen macht geltend: »Als des Brinksitzers im Dorfe belegen gewesene Wohnung abgebrannt war, vertauschte er die Stelle derselben an den Postverwalter Löbbecke in Gamsen gegen eine in der Gamser Feldflur, mitten zwischen unseren Ackerländereien belegenes Feldstück, – wozu er noch 125 rth baar erhielt, – um auf diesem Feldstücke eine Kothe aufzubauen und daselbst zu wohnen. Sein und des Postverwalters Löbbecke, – welcher den Platz des abgebrannten Hauses zum Garten zu machen wünschte – vereintes Nachsuchen bewirkten einen bei Königlichen Amte abgehaltenen Termin, um die Meinung der Gemeinde über die Sache zu vernehmen. ... In dem in dieser Sache bei Königlichem Amte aufgenommenen Protocolle kommen nun einige Dinge vor, welche wohl nicht ihre ganze Richtigkeit haben.«

»DIE EINWÄNDE DER DORFSCHAFT KURZERHAND ABGETAN«

Gamsen moniert, dass hier Rechte dem Wohlgefallen Einzelner aufgeopfert werden und die Unrichtigkeit vom Königlichem Amt protokolliert wurde, »... wodurch denn die von hoher Königlichen Landdrostei erlassenen günstige Resolution in Wahrheit erschlichen zu sein scheint«. Ein starker Tobak, denn »... es war nemlich nicht die ganze Gemeinde erschienen, sondern nur etwa vier Gemeindemitglieder, diese jedoch, wie sie ausdrücklich erklärt haben, Namens und im Auftrag der ganzen Gemeinde. ... Diese haben unberechtigter Weise die Einwände der Dorfschaft kurzerhand abgetan als bloßen einfältigen Eigensinn, die das Vorhaben des Brinksitzers stören wollen. Das Königliche Amt hat ‚mit der unbeschreiblichsten Bereitwilligkeit‘ ... sie eiligst dem Protocolle einverleibt.« Man unterstellt also dem Amt Gifhorn und dem Amtmann v. Uslar, der im Schloss Gifhorn wohnt und in der Napoleonischen Zeit in die benachbarte Gemeinde Gamsen zu Löbbeckes zog, wo er bis zum Abzug der französischen Truppen dort verblieb, dass er sich jetzt einseitig für Löbbecke und gegen die Gamsener Bauernschaft und ihre Rechte einsetzte.

Gamsen macht geltend: »... ein Mann, dem seine mancherlei persönlichen Verhältnisse zu Königlichem Amte ein ganz besonderes Gewicht geben mögen, dieser redet mit gewandter Zunge und lauter Stimme zur Vertheidigung der gegnerischen Sache so, daß nur allein er und nicht wir zugleich gehört werden. Dabei gibt der fungirende Beamte sich nicht einmal die Mühe, uns ebenfalls gehörig zu berücksichtigen ... nein, er erhöhet durch dieses Unterlassen noch das ohnehin schon bedeutende Uebergewicht eines gewandten, gebildeten und angesehenen! Mannes über den einfältigen unerfahrenen Bauermann. ... Unseres unterthänigsten Erachtens dürfte es vielmehr umgekehrt die Schuldigkeit eines Beamten sein, in solchen Fällen durch besondere Aufmerksamkeit auf die Vorträge der gegen einen geschickten Gegner im großen Nachtheil stehende Landleute dieses Uebergewicht in etwas zu mildern. Sieht aber der Landmann bei Gelegenheiten wo es gilt ihn zu übervortheilen, ein Verfahren, wie das beschriebene, wie muß da alles Vertrauen auf die Beamten sinken, wie müssen sie an Respect und Achtung verlieren, wenn ihre Menschlichkeiten sich so zu Tage legen! Erschlichen müssen wir die von Euer Hochwohl- und Wohlgeboren erlassene hohe Resolution nennen, durch die Vorbringung einer Unwahrheit!«

Gamsen fühlt sich übergangen und möchte, dass der Fall neutral nochmals untersucht wird. »Wir bitten ... Königliche hohe Landdrostei ... eine zu ernennende Commission, wozu keine Gifhorner Beamte zugezogen sind, die Wahrheit oder Unwahrheit unserer Behauptung ... gnädigst untersuchen zu lassen. ... Und erbieten wir uns, nöthigen Falls, einen Eid dahin zu leisten, daß wir zu einer von Königlichem Amte Gifhorn in dieser Sache ferner anzustellenden Untersuchung nicht das Vertrauen haben, daß dieselbe mit gänzlicher Unbefangenheit, also nicht mit vollkommener Unpartheiligkeit würde geführt werden.«

»WILLKÜHR DER SUBALTERNEN BEAMTEN«

Mit dieser Unterstellung Gamsens erhofft man, dass die Königliche Kammer in Hannover den Sachverhalt nochmals untersucht und merkt an: »... Mit dem zuversichtlichen Vertrauen getreuer Unterthanen, so weit sei es unter unserer huldvollen hohen Regierung noch nicht gekommen, daß wir armen Landleute, wir, die wir schon unserer Lage nach diejenigen sind, die sich für die Gedrücktesten im Staate erkennen, durch die Willkühr der subalternen Beamten noch muthwilliger Weise oder aus allerlei Nebenabsichten gemißhandelt und in unsern Gerechtsamen beeinträchtigt werden dürfen, – daß unsere Unerfahrenheit in gerichtlichen Verhandlungen benutzt werde, um uns zu überlisten, zu übertölpeln und so uns einen Brocken unserer Gerechtsame nach dem andern abzulauern oder zu entreißen. Selbst in dem bittern Gefühl gekränkter Rechte scheuen wir uns fest aufzutreten, wohl kennend das allezeit gegen den Landmann bereite gehässige Vorurtheil, die fast zur Gewohnheit gewordene Ansicht, der Bauer habe gegen den Bamten stets unrecht; allein wir wissen auch wohl, daß diese hohe Reginional-Behörde gegenwärtig in Hände gelegt ist, die das unumschränkte Vertrauen rechtfertigen! In dieser tröstlichen Zuversicht wagen wir in aller Unterthänigkeit die Bitte auszusprechen ...

Es ist der tiefste Respect worin wir verharren Euer Hochwohl und Wohlgeboren

unterthänigste Diener Olvermann, Ackermann als Bevollmächtigter der Gemeinde Gamsen

pro copia F v. Uslar«

Hannover greift den Fall auf und am 28. März 1832 wird vom Amt Gifhorn bestätigt: »Bei den unterm 2. d.M. eingerichteten Umstände haben wir zwar beliebt

1.) die Theilung des von dem Kothsassen Wilhelm Kreutzmann zu Gamsen bisher bewirtschafteten herrschaftlichen Kothhofes in drei Brinksitzereien für den bisherigen Besitzer Wilhelm Kreutzmann, Joachim Berlin und Friedrich Wunder zu Gamsen zuzulassen,

2.) die Versetzung der Gebäude auf das von dem Vollmeyer Lübbecke zu Gamsen zu diesem Ende eingetauschte Land, der unerheblichen Widersprüche einiger Eingesessener der Dorfschaft ungeachtet, zu gestatten und

3.) zu dem zwischen dem Kothsassen Wilhelm Kreutzmann und dem Vollmeyer Lübbecke zu Gamsen ... verabredeten Länderei-Tausch-Contracte ... die gutsherrliche Genehmigung zu ertheilen.«

Am 4. Juni 1832 erfolgt die amtliche Stellungnahme der königlichen Regierung in Hannover: »Wir haben erhalten, was das Königliche Amt über die einstweiligen hiebei zurückerfolgende, im angeblichen Auftrage der Gemeinde Gamsen, bei Uns eingegebene Vorstellung gegen die Theilung des Kreutzmannschen Hofes daselbst, in Specie gegen den beabsichtigten Ausbau der Gebäude, unterm 16. v. M. umständlich einberichtet hat und daraus entnommen, daß jene Vorstellung keineswegs durch einen Beschluß der Dorfschaft, sondern nur durch einzelne contradirende Mitglieder der Gemeinde veranlaßt worden, übrigens aber auch diese letzten zu den in der Vorstellung enthaltenen Verunglimpfungen des Königlichen Amts sich nicht bekennen.

Wenn nun das Königliche Amt die Absicht ausgesprochen hat, den Concipienten der gedachten Schrift, Advocaten Gössel, bei der Königlichen Justiz-Canzlei zu denunciren, so abstrahiren Wir wenigstens für jetzt, von desfallsiger weiterer Verfügung, und wird die auf jenem Wege anzuordnende Untersuchung auch ergeben, ob und inwieweit bei den dem Advocaten Gössel zur Last gelegten Schmähungen etwa auch die Auftragsteller selbst betheiligt sind.«

»GÜTLICHE AUSGLEICHUNG«

Der Widerspruch der Gemeinde Gamsen gegen Kreutzmann wird also verworfen. Es heißt »... Wir müssen daher wünschen, daß, ehe Wir zu dem beabsichtigten Ausbau der Kreutzmannschen Gebäude von Policeiwegen Unsere Genehmigung ertheilen jene Differenz, welche die Unwirksamkeit Unserer Verfügung im Wege Rechtens zur Folge haben könnte, auf die eine oder andere Weise wo möglich, durch gütliche Ausgleichung vorgängig beseitigt werde ... zu einer eventuellen Entschädigung zu disponiren.«

Später heißt es: »Nachdem Wir aus dem Berichte vom 16. v.M. ersehen haben, daß nun auch der, dem von den Brinksitzern Kreuzmann, Berlin und Wunder zu Gamsen intendirten Ausbau allein noch entgegenstehende Widerspruch mehrerer dortiger Eingesessener wegen Entziehung der Stoppelweide auf den zum Bau bestimmten Plätzen theils durch die ausdrückliche zurücktretende Erklärung der Contradicenten, theils durch das mit ihrem Ausbleiben bei praejudiciellen Ladung stillschweigend erfolge Aufgeben ihrer Beschwerde beseitigt worden ist, so tragen Wir nunmehr kein Bedenken, nicht nur die beabsichtigte Theilung der Kreuzmannschen Kothstelle in drei Brinksitzereien und insbesondere den damit zu verbindenden Ausbau der drei Brinksitzer in vorgeschlagenem Maaße definitiv hiemit zu gestatten.«

Das Königliche Amt in Hannover, das sonst oftmals bemüht ist, Konflikte mit der Bevölkerung gütlich beizulegen, hat hier klar Stellung bezogen. Personen des öffentlichen Amtes werden geschützt und die Anliegen der Bauernschaft Gamsens verworfen, da selbst einige Bauern von ihrem Einspruch Abstand nehmen bzw. erst gar nicht zur persönlichen Vorladung erschienen sind und man deshalb vom stillschweigend erfolgten Aufgeben ihrer Beschwerde ausgeht. Der Advocat Gössel, der sich besonders intensiv in diesen Rechtsstreit eingebracht hat, wird später wegen seiner zur Last gelegten Schmähungen zur Rechenschaft gezogen.∎

EINGESTREUT ||||

Rotkehlchens Abschied

Collage: Hannelore Furch

Ich steh am Fenster, es zu kippen,
und seh' ein graues Knäulchen wippen
mit rotem Leib auf dünnem Bein.
Es schaut durchs Glas zu mir herein,

als hätt' ich aus dem Baum im Garten
des Herbstes Botschaft zu erwarten.
Ich kann aus diesem Bild ersehn:
Es wird nun auf die Reise gehn.

Es will noch freundschaftlich versüßen
für dieses Jahr sein letztes Grüßen
und knickst mir einmal und ab hier
bewohnt es einen Platz in mir.

Doch ist es frei, ich wünsch' ihm leise
viel Glück auf seiner weiten Reise
und hoffe, es ist nächstes Jahr
vergnüglich zwitschernd wieder da.

Hannelore Furch

Jüdisches Leben in Hankensbüttel

Die Familie Hirschfeld war durchaus angesehen und gut integriert, im Schützenverein und in der Gemeindevertretung aktiv, stellte sogar einen Schiedsmann, hatte aber schließlich viele Holocaust-Opfer zu beklagen.

PETER DIETZ

FAMILIE HIRSCHFELD

1986 wurde in Hankensbüttel in der Bahnhofstraße Nr. 4 das Haus der Familie Ullrich errichtet. In ihm befindet sich heute die gleichnamige Buchhandlung. Der Vorgängerbau, eine alte Hofstelle, musste 1983 weichen.

Ein markantes Element des sogenannten »Schütteschen Hauses« blieb der Nachwelt erhalten. In der Schalterhalle der Sparkasse fand es in voller Länge bei deren Neubau einen Platz. Über dem Eingang befand sich auf der ganzen Breite des Giebels ein Setzbalken mit einer Inschrift, die die christlichen Erbauer des Hauses anbringen ließen: »JESVS CHRISTVS GESTERN VND HEVTE VND DERSELBE AVCH IN EWIGKEIT: GOTT ERSEGNE DIESES HAVS WO MANN GEHET EIN VND AVS DAS KEIN VNGLÜCK ES VERHEEREN NOCH EIN FEVERSBRVNST VERZEHRE! WER JESVM LIEBET VND FEST VERTRAVT DER HAT HIER VND EWIG WOL GEBVT« (u = v).

Im 19. Jahrhundert wurde dieser Hof mit der Nr. 47, der nach einem Dorfbrand Ende des 18. Jahrhunderts errichtet wurde, im Volksmund »Judentempel« genannt. Wie kam das Haus zu seinem Namen?

MOSES HIRSCH (1769-1830)

Der erste Hankensbütteler Jude Moses Hirsch bewohnte Ende des 18. Jahrhunderts mit seiner Familie den besagten Hof. Vermutlich

Das »Schüttesche Haus« wurde 1983 abgerissen. Der Balken mit Inschrift blieb erhalten. Fotomontage: Peter Dietz

war er nur Mieter, denn die geltenden rechtlichen Einschränkungen für Juden zur Zeit des Feudalismus machten ihnen in der Regel den Erwerb von Immobilien unmöglich.

Isenhagen-Hankensbüttel gehörte zum Kurfürstentum Braunschweig-Lüneburg. Wie im gesamten Herrschaftsbezirk waren auch hier jüdische Untertanen starken Diskriminierungen ausgesetzt. Gegen die Entrichtung eines »Schutzgeldes« erhielten sie einen »Schutzbrief«. Dieser sollte ihr Leben schützen und ihnen bestimmte religiöse, wirtschaftliche und bürgerliche Freiheiten garantieren.

Auch Moses Hirsch erwarb 1796 einen solchen Schutzbrief. Er ermöglichte es ihm, in Hankensbüttel als Kaufmann tätig zu sein und einen Krämerladen zu führen. Möglicherweise hat die »Obrigkeit« Moses Hirsch diesen Wohnort zugewiesen. Er war somit der erste jüdische Einwohner Hankensbüttels.

In Folge des napoleonischen Eroberungskrieges geriet das Kurfürstentum 1807 unter französische Herrschaft, womit auch in Hankensbüttel die sogenannte Franzosenzeit begann mit weitreichenden Konsequenzen, nicht zuletzt auch für die Familie Hirsch und ihr Gesinde. Das nun geltende Gesetz, der Code Napoleon, garantierte ihnen die gleichen Rechte wie der übrigen Bevölkerung. Moses Hirsch machte von seinen neuen Rechten Gebrauch und übernahm 1811 den verschuldeten Brinkhof des Friedrich Fischer in der späteren Bahnhofstraße 4, in dem er und seine Familie bisher als Pächter wohnten. Zu seinem Hausstand gehörten seine Frau Sarah (geb. um 1775) und seine fünf in Hankensbüttel geborenen Kinder: Caroline (*1800), Hannchen (*1805), Levi (*1806), Moses (*1807) und Jacob (*1809). Außerdem wohnten mit ihnen unter einem Dach ein Hauslehrer, zwei Knechte und eine Magd.

Im von Napoleon neu geschaffenen Königreich Westphalen wurde den Juden – ganz in Sinne einer modernen Staatsverwaltung – verbindlich vorgeschrieben, sich bürgerliche Familiennamen zuzulegen. Von seinem Vornamen mit biblischem Bezug »Hirsch« leitete Moses für sich und seine Nachfahren den neuen Familiennamen »Hirschfeld« ab. Er hieß spätestens ab 1829 Hirsch Moses Hirschfeld.

Nach dem Ende der napoleonischen Herrschaft gelangten 1814 die Welfen in ihrem angestammten Territorium erneut an die Macht. Es hieß nun Königreich Hannover. Die Hannoveraner führten das diskriminierende »Schutzjudentum« wieder ein. Folglich musste Moses Hirschfeld bis zu seinem Tod 1831 »Schutzgeld« zahlen. Sein Sohn und Erbe Moses setzte diese Zahlungen bis spätestens 1847 fort.

Bedeutung der Bildung in der Familie des Moses Hirsch

Schule und religiöse Bildung spielten im Judentum, so auch in der Familie Hirsch, eine herausragende Rolle. In einer Umgebung von zum Teil feindlich gesonnenen Andersgläubigen wurde die Pflege der eigenen Kultur und Religion ein wesentliches Element zur Wahrung der jüdischen Identität. Zum Verständnis und zur Weitergabe der eigenen Religion, die auf tradierten Schriften basierte, gehörte unabdingbar die Fähigkeit des Lesens und Schreibens. Nur in größeren Gemeinden war es möglich, Unterricht in einer jüdischen Schule anzubieten. Auf dem Land, so auch in Hankensbüttel, stellte um 1810 Moses Hirsch, der es sich offensichtlich leisten konnte, den damals dreißigjährigen Hauslehrer Jacob Nauen ein. Zusammen mit den beiden Knechten und der Magd gehörte der Lehrer zum Hausstand der Familie. In der Regel mussten die Lehrer, die oft nicht besser bezahlt wurden als die Knechte, weitere Dienste verrichten. Im Gottesdienst fungierten sie als Vorsänger. In der Regel hatten sie auch eine Ausbildung im rituellen, koscheren Schlachten.

Die Bildungsanstrengungen der Familie Moses Hirsch trugen sichtbar Früchte. Sein am 6. Oktober 1809 in Hankensbüttel geborene Sohn Jacob wurde Arzt. In den »Hannoverschen Annalen für die gesamte Heilkunde« von 1836 ist zu lesen, dass der »Dr. med. Jacob Hirschfeld aus Hankensbüttel zur selbständigen Ausübung der Heilkunde, mit Einschluss der Geburtshülfe, unter Anweisung des Wohnortes zu Rethem zugelassen« sei. Im selben Jahr noch erteilte die Landrostei Lüneburg (später Bezirksregierung) »dem Dr. med. Jacob Hirschfeld zu Rethem an der Aller« nachträglich auch die Erlaubnis zur »selbständigen Ausübung der Wundarztheilkunst in ihrem ganzen Umfang«. Erst vierzehn Jahre später erhielt Jacob Hirschfeld zusammen mit drei anderen Juden das Bürgerrecht in Rethem (heute Heidekreis), 18 km westlich von Walsrode gelegen.

Voraussetzung für diesen beruflichen Werdegang war die solide Schulbildung, die ihm seine Eltern ermöglichten.

Zunächst erhielt der junge Jacob Unterricht von einem Hankensbütteler Dorfschullehrer. Zur Vorbereitung auf die höhere Schule erteilte ihm der evangelische Pastor in Hankensbüttel, Georg Rudolph Hase, Unterricht in Latein und Französisch. Nachdem der Knabe vier Jahre das Celler Gymnasium Ernestinum besucht hatte, wechselte er auf das herzogliche Collegium Carolinum in Braunschweig, aus dem sich später die Technische Universität Braunschweig entwickeln sollte. Dieses Kolleg vermittelte den Studierenden neben einer soliden Allgemeinbildung auch wissenschaftliche Erkenntnisse der Technik und Naturwissenschaft, aber u.a. auch der Medizin. Jacob entschied sich gegen den Willen der Eltern, die eher wünschten, dass er den merkantilen Zweig gewählt hätte, für die medizinische Laufbahn. Deshalb belegte er Kurse des Collegium Anatomico-Chirurgicum, eine Ausbildungsstätte für Chirurgen, die dem Collegium Carolinum angeschlossen war.

Jacob Hirschfelds Grab in Rethem

Im Alter von 21 Jahren immatrikulierte er sich an der Universität Göttingen im Fach Medizin. 1834 legte er sein zweites medizinisches Examen ab und erhielt die Doktorwürde. Mit guten Noten und der Bescheinigung, dass er in der Lage sei, der »wissenschaftlichen Seite nach ein Physicat« zu verwalten, verließ er die Universität. Seit 1836 praktizierte er in Rethem an der Aller als Arzt, starb aber schon im Alter von 41 Jahren. Sein Grab befindet sich noch heute auf dem jüdischen Friedhof in Rethem.

MOSES HIRSCHFELD (1807 – 1877) – RELIGIÖSES LEBEN

Eine erneute Verbesserung der rechtlichen Stellung der Juden bewirkte 1842 das Hannoversche »Gesetz über die Rechtsverhältnisse der Juden«. Eine der Vorschriften besagte, dass im ganzen Land Synagogenbezirke einzurichten seien, die dem Landesrabbiner in Hannover unterstellt waren. So kam es zur Gründung des Synagogenbezirks Bodenteich-Hankensbüttel.

In dem dünn besiedelten Gebiet der Ost-Heide wurden die Gemeinden so zugeschnitten, dass ihre Mitglieder innerhalb einer Stunde zum gemeinsamen Versammlungsort gelangen konnten. Da

1842 *Das »Gesetz über die Rechtsverhältnisse der Juden« tritt in Kraft, Synagogenbezirke werden gebildet.*

im Synagogenbezirk die für die religiösen Handlungen vorgeschrie-
bene Anwesenheit von mindestens zehn Männern erreicht werden
musste, gehörten auch die Orte Beedenbostel, Wittingen und Hermannsburg dazu. Jeder Bezirk hatte einen Vorsteher. Dessen Wohnhaus war gleichzeitig auch der Versammlungsort und hatte einen
Gebetsraum.

Der erste Vorsteher der Synagogengemeinde war Moses Hirschfeld, der Sohn von Moses Hirsch. Die Versammlung zum Gebet
fand bis 1855 in dessen Haus in der Ortsmitte von Hankensbüttel
statt. Danach wechselte der Vorsitz nach Bodenteich und dann
nach Wittingen. Ab 1874 übernahm Moses' Sohn und Erbe, Hermann Hirschfeld, dieses Amt. Da sich in seinem Haus der Ver-
sammlungsraum befand, der regelmäßig von den Gemeindemitgliedern frequentiert wurde, kam im Volksmund der Begriff »Judentempel« auf. 1908 wurde dieser Synagogenbezirk aufgelöst und Hankensbüttel kam zur jüdischen Gemeinde in Celle. Auch nach der
Annexion des Königreiches Hannover 1866 durch Preußen bestand
diese Gemeindestruktur bis zur Zeit des Nationalsozialismus fort.

In Bodenteich gab es seit Anfang des 19. Jahrhunderts einen jüdischen Friedhof, auf dem heute von den ursprünglich 20 Grabsteinen
nur noch zwölf erhalten sind. Auf dieser Fläche wurden auch Juden
aus Hankensbüttel beigesetzt. Der Grabstein der Golde Blumenthal
geb. 1808 in Springe, der ersten Frau des Moses Hirsch, ist noch
erhalten.

Auf dem jüdischen Friedhof in bad
Bodenteich wurden auch Juden aus
Hankensbüttel beigesetzt.

HERMANN HIRSCHFELD (1835-1899) – ARRANGIERTE EHEN

Liebesheiraten waren nicht nur unter jüdischen Jugendlichen aufgrund der ungünstigen Rahmenbedingung nicht möglich. Der
Nachwuchs war bei der Eheanbahnung auf die Hilfe der Eltern angewiesen. Diese trafen zusammen mit anderen jüdischen Elternpaa-
ren in ihrer Umgebung – meist mit vergleichbaren wirtschaftlichen
Hintergründen und Einstellungen – entsprechende Ehearrange-
ments für ihre Kinder. Auf diese Weise wurde zwischen den wohlhabenden Geschäftsleuten Hirschfeld und Blumenthal aus dem von
Hankensbüttel über 100 km entfernten Springe für Hermanns Eltern die Ehe angebahnt.

1832 fand zunächst die Vermählung von Heinemann Blumenthal mit Johanna »Hannchen« Hirschfeld, Hermanns Schwester, statt. Der Vater des Bräutigams, Cusel Blumenthal, versprach seinem Sohn ein eigens für ihn erworbenes Wohnhaus nebst Garten in Springe. Der Brautvater garantiert seiner Tochter eine Mitgift von 1200 Thalern.

Im Folgejahr heirateten Hermanns Eltern, Goldchen Blumenthal und Moses Hirschfeld. Vater Cusel Blumenthal versprach seiner Tochter Goldchen als Mitgift 400 Thaler in Gold und eine Aussteuer in Naturalien im Wert von ca. 300 Thaler Preußische Courant. Moses Hirschfeld setzt seine Ehefrau im Falle der Kinderlosigkeit als Alleinerbin seiner »herrschaftlichen Hofstelle« ein. Die Heiratskonditionen wurden vom Amtsgericht Isenhagen besiegelt.

Ähnlich verlief es auch beim Zustandekommen von Hermann Hirschfelds Ehe am 1. November 1865. Er heiratete die in Sarstedt bei Hildesheim am 8. Oktober 1844 geborene Johanne (Hanne) Neuberg, Tochter des Kaufmanns Schaye Neuberg.

In einem Ehevertrag vor dem Amtsgericht Isenhagen wurden am 19. Juni 1865 die Besitzverhältnisse geregelt. Hermann sollte den Brinkhof des Vaters und dessen Manufakturgeschäft erben. Die für die Übertragung der Grundrechte zuständige königliche Domänenkammer erteilte hierzu die Einwilligung. Die rituelle jüdische Trauungszeremonie folgte der standesamtlichen. Sie wurde am 1. November 1865 in Sarstedt vom Landesrabbiner Meyer Landsberg aus Hildesheim vollzogen und bescheinigt.

Das junge Paar wohnte zunächst im Hause Fischer gegenüber dem Familienbetrieb. Das Verhältnis zwischen Johanne und ihrer Schwiegermutter, der zweiten Frau des Moses Hirschfeld, Sara Blank aus Gerstorf, soll nicht das Beste gewesen sein. Bald schon kommen die beiden Töchter zur Welt: Clara am 15. Januar 1867 und Ida am 21. Juli 1869. Im schulpflichtigen Alter nahmen sie zunächst am Unterricht des Dorfschullehrers Bersiel teil. Danach wurden sie von einem Hauslehrer unterrichtet.

Das Geschäft wurde um 1870 Hermann Hirschfeld offiziell übergeben. Nach dem Wegzug der Eltern nach Bielefeld bewohnte er mit
seiner Familie das elterliche Haus. Er vergrößerte das Geschäft und
den Kundenkreis erheblich. Die Bauern der umliegenden Dörfer
kauften gerne bei ihm und sollen sich auch bei ihm Rat für ihre all-
täglichen Probleme geholt haben.

ASSIMILATION UND INTEGRATION

Wesentlich für den sozialen Aufstieg Hermann Hirschfelds und seiner Kinder war ihre Schulbildung. Moses Hirschfeld ermöglichte
1848 seinem Sohn Hermann, dem Erstgeborenen und zukünftigen
Erben, den Besuch einer interreligiösen Schule für jüdische und
christliche Kinder, der »jacobsonschen Erziehungsanstalt« in See-
sen, gegründet 1801.

Es handelte sich um eine Realschule II. Ordnung, eine Art Mittel-
schule, die im preußischen Bildungssystem zwischen Gymnasium
und Volksschule angesiedelt war. Der Abschluss berechtigte zu einer mittleren Laufbahn und befähigte Hermann dazu, später ein erfolgreicher Geschäftsmann und »Bankier« zu werden.

Die übrigen Geschwister wurden von einem Hauslehrer, einem
Seminaristen der jüdischen Lehrerbildungsanstalt in Hannover, unterrichtet. Daneben beschäftigt Moses Hirschfeld zeitweilig einen
christlichen Lehrer für die allgemeinen Fächer. Wegen der schwierigen Schulsituation besuchten Hirschfelds Kinder zeitweise die jüdische Schule in Celle und waren in Pensionaten untergebracht.

Die liberale Gesetzgebung in der Mitte des 19. Jahrhunderts führte
auch zu einer stärkeren Integration der Hankensbütteler Juden in
das öffentliche Leben. 1865 wurde in Hankensbüttel wie in anderen
Orten des Amtes Isenhagen ein Spar- und Vorschussverein gegründet. Dieser Vorläufer der Volksbank sollte ein flexibles Kreditwesen
ermöglichen und notwendige Investitionen erleichtern. Moses
Hirschfeld gehörte zusammen mit Sohn Hermann zu den Gründern
des Vereins und war dessen erster Kassierer. Mitbegründer waren
der Rechtskonsulent (Rechtsberater) Johannsen und der Hankensbütteler Arzt Dr. Alten. Von 1865 bis 1899 befand sich das Vereins-
lokal im Haus der Hirschfelds.

Sein Sohn Hermann Hirschfeld übernahm nach dem Wegzug des Vaters 1871 dessen Funktionen und war damit einer der Gründungsväter der heutigen Volksbank, die 1872, im Jahr ihres Entstehens, noch »Spar- und Darlehenskasse für Hermannsburg und Umgebung eGmuH« hieß.

Als höchste Form der sozialen Integration in die Dorfgemeinschaft muss die Mitgliedschaft im örtlichen Schützenverein angesehen werden. In Hankensbüttel hatte dieser eine jahrhundertelange Tradition, denn die Schützen waren dort bereits seit 1661 aktiv. Hermann hatte wie sein Vater, der bereits 1834 Schützenoberst gewesen sein soll, ebenfalls diesen Rang begleitet. Diese herausragende Stellung hatte er in den Siebziger- bis in die Achtzigerjahre inne. Er soll sogar die Würde eines Schützenkönigs errungen haben.

Dass Hermann Hirschfeld großes Ansehen und Vertrauen bei den Einwohnern Hankensbüttels genoss, ist auch an seiner mehrjährigen Mitgliedschaft in der Gemeindevertretung Isenhagen zu erkennen und seiner Tätigkeit als Schiedsmann Ende der Siebzigerjahre. Die heutige Bahnhofstraße soll im Volksmund ihm zu Ehren »Hermann-Straße« genannt worden sein.

Zeichen der Assimilation an das Christentum sind auch sichtbar. Für seine Frau Johanne kaufte Hermann am 1. Mai 1870 einen »Kirchenstuhl«, einen persönlichen Sitzplatz, in der Sankt-Pankratius-Kirche. Durch diese Praxis wurde die Kirchengemeinde finanziell unterstützt.

1893 erwarb Hermann für sich und seine Frau eine Grabstelle auf dem evangelischen Friedhof in Hankensbüttel. Nach seinem Tod am 25. Mai 1899 wurde er auch dort beerdigt. Seine Frau Johanne geb. Neuberg starb 1913 in Berlin. Hermanns Schwiegersohn Karl Eichwald, ein jüdischer Kaufmann aus Hamburg, führte das Textilgeschäft bis 1910 weiter. Er verkaufte das Haus an den Sattler Carl Bierstedt. 1934 erwarb Schneidermeister Fritz Peesel den Hof, den er seiner Tochter Gertrud und deren Gemahl Paul Schütte später vererbte. Dieses sogenannte »Schüttesche Haus« wurde von der Kreissparkasse übernommen, die es 1885 abreißen ließ. Auf den Grundstück wurde das Haus der Buchhandlung Ullrich errichtet.

Todesanzeige aus dem Jahr 1913.

ABWANDERUNG AUS HANKENSBÜTTEL

Hermann Hirschfeld war das einzige der acht Kinder des Moses Hirschfeld, das in Hankensbüttel geblieben war, da er von seinem Vater das Schutzprivileg und den Manufakturladen geerbt hatte. Hermanns nachgeborene Brüder aus der zweiten Ehe seines Vaters mit Sara Blank aus Gerstorf bei Springe sahen keine Möglichkeit, in Hankensbüttel eine Existenz aufzubauen und eine Familie zu gründen. Sie waren gezwungen wegzuziehen. Ihre Eltern Sara und Moses Hirschfeld und ihrer Schwester Rahel (1844–1907) folgten ihnen 1871.

Politische Veränderungen machten einen Ortswechsel leichter und ermöglichten vielen jüdischen Bürgern neue Perspektiven.

Nach der Annexion Hannovers durch Preußen 1866 und der Gründung des Norddeutschen Bundes 1867 waren auch die Hirschfelds preußische Untertanen. Sie kamen in den Genuss der seit 1869 geltenden völligen Gleichstellung aller Staatsbürger vor dem Gesetz. Sie erhielten damit auch Zugang zu öffentlichen Ämtern. 1871, bei der Gründung des Deutschen Reiches, wurde per Bundesgesetz diese liberale Gesetzgebung reichsweit endgültig festgeschrieben.

Hermann Hirschfelds Brüder nutzen die neuen Freiheiten. Julius Hirschfeld (1845–1827), Louis (1842–?) und Bernhard (1850–1922) konnten nun in Bielefeld uneingeschränkt geschäftlich tätig werden. Die Kaufleute Julius und Louis leiteten zusammen eine Leinenfabrik und gründeten eigene Familien in Bielefeld. Sie heirateten die Schwestern Rosa und Rebecca Blank, ihre Cousinen, Töchter des Bruders ihrer Mutter, des erfolgreichen Gutsbesitzers und Getreidehändlers David Blank aus Horn-Bad Meinberg.

Ein monumentaler Grabstein erinnert heute noch an das Wirken der Hirschfelds in Bielefeld.

Grab von Julius und Rosa Hirschfeld in Bielefeld.

HOLOCAUST-OPFER IN DER FAMILIE HIRSCHFELD

Zahlreiche Nachfahren und Verwandte von Hermann Hirschfeld, Kaufmann und Bürger Hankensbüttels, wurden Opfer der nationalsozialistischen Verfolgung entweder durch Ermordung oder Immigration.

Ida Hirschfeld (1869–1942)

Ida Hirschfeld (geb. 1860)

Am 25.Mai 1899 starb Hermann Hirschfeld. Das Textilgeschäft wurde von bis zum Jahr 1910 von dem jüdischen Kaufmann Karl Eichwald aus Hamburg fortgeführt, vermutlich ein Schwiegersohn Hermanns. Die um 1990 mit Ida Hirschfeld, geb. am 21. Juli 1869 in Hankensbüttel, geschlossene Ehe währte nicht lange, denn um 1894 heiratete diese den Bankier Theodor Steinfeld aus Rinteln. Sowohl ihre gemeinsame Tochter Käte als auch deren Ehemann Emil Aronstein wurden Opfer des Holocaust. Sie starben wie Ida Hirschfeld 1942 in den Vernichtungslagern der Nationalsozialisten in Osteuropa.

HERTHA UND MARGA EICHWALD

Käte Aronstein (geb. 1895)

Idas erster Ehemann, Ewald Eichwald, heiratete ebenfalls wieder. Von der in Winsen an der Aller geborenen Adele Cohen hatte er die beiden Töchter Hertha und Marga. Beide kamen in Hankensbüttel 1901 bzw. 1908 zur Welt. Mutter und Töchter wurden vor Kriegsende in einem Konzentrationslager in Riga ermordet. Weder der Zeitpunkt der Deportation noch der des Todes sind bekannt. Vor ihrer Verschleppung lebten sie in Hannover.

CLARA CAROLINE HIRSCHFELD (1867–1940)

Georg Emil Aronstein (geb. 1891)

Hermann Hirschfelds zweite Tochter Clara Caroline (geb. 1867 in Hankensbüttel) heiratete den in Bad Bodenteich geborenen späteren Konsul und Fabrikbesitzer Hermann Plaut, der ebenfalls jüdischen Glaubens war.

Clara Hirschfeld-Plaut hielt, auch wenn sie in Berlin lebte, Kontakt zu alten Bekannten aus Hankensbüttel und korrespondierte mit dem Heimatdichter Karl Söhle und dem damaligen Pächter der Domäne des Klosters Isenhagen, Hans Heinrich Refardt. Sie starb im Alter von 73 Jahren 1940 in Berlin und entging damit dem Schicksal anderer Hirschfelds, die unter der Verfolgung und Ermordung durch die Nationalsozialisten zu leiden hatten.

Eine ihrer Töchter, Erna Plaut (geb. 1884), heiratete einen Hankensbütteler, den Sohn Hans des Amtsrichters Karl Mensching in Isenhagen. Es ist wohl dem Engagement ihres Ehemanns, des Juristen Hans Mensching (geb. 1891), zu verdanken, dass Erna als »Volljüdin« die Hitler-Zeit überstand und erst hochbetagt im Alter von 90 Jahren starb.

Glücklicherweise überlebte Clara Hirschfelds zweite Tochter, Gertrud Plaut-Kufeke (geb.1990), das Konzentrationslager Theresienstadt. Dorthin war sie am 19. Juli 1942 von Hamburg aus deportiert worden. Sie kehrte nach dem Krieg nach Hamburg zurück, wo sie 1957 verstarb.

Max Moses Hirschfeld

Zahlreiche Nachfahren von Hermann Hirschfelds in Hankensbüttel geborenen Brüder Julius, Louis und Bernhard Hirschfeld gehören zu den Opfern der nationalsozialistischen Massenvernichtung.

OPFER UNTER DEN NACHFAHREN DES JULIUS HIRSCHFELD

Sohn Nathan Hirschfeld (geb. 1881) kam am 23. Dezember 1938 als Häftling in das Konzentrationslager Sachsenhausen und starb am 20. Juli 1944 in Auschwitz. Sohn Abraham Hirschfeld (geb. 1885) wurde 1944 in Auschwitz ermordet. Sein Bruder Max Moses (geb. 1877) überlebte das KZ Theresienstadt, während dessen Ehefrau, Helene Martha Hirschfeld, am 3. März 1943 in Auschwitz ermordet wurde. Die beiden Töchter Erika und Anneliese konnten rechtzeitig Deutschland verlassen und nach Australien bzw. in die USA emigrieren. Sein Sohn Moritz Moses Hirschfeld (geb. 1880) entzog sich der Ermordung durch Flucht. Er musste seine Heimat verlassen und emigrierte mit Sohn Heinz und dessen Familie nach Bolivien. Die Witwe von Heinz, Margot Hirschfeld-Stein, begab sich nach 1948 in den neu gegründeten Staat Israel. Dort leben heute noch zwei Urenkel des Julius Hirschfeld, die auch Namen Hirschfeld tragen. Tochter Dorothea Hirschfeld-Berliner und Sohn Gerhard flüchteten nach New York.

Erika Hirschfeld

Moritz Moses Hirschfeld

OPFER UNTER DEN NACHFAHREN VON LOUIS HIRSCHFELD

Er hatte drei Söhne und eine Tochter. Sein Sohn Karl Meyer Hirschfeld (geb. 1882) starb zusammen mit seiner Frau Selma Sophia Hirschfeld am 13. Juli 1942 in den Gaskammern von Ausschwitz.

OPFER UNTER DEN NACHFAHREN VON BERNHARD HIRSCHFELD

Er hatte zwei Söhne und zwei Töchter. Käthe Hirschfeld (geb. 1894) und Ehemann Helmut Gottschalk, wurden 1943 deportiert und fan-

Heinz Haim Hirschfeld

Haus Jacobsohn

Siegfried Jacobsohn

Stolperstein zur Erinnerung an Dorothea Jacobsohn in Hannover.

den den Tod in Ausschwitz. Die Kinder Lotte, Paul und Max emigrierten nach Florida in den USA.

Trotz dieser tragischen Geschichte leben noch heute viele Nachkommen der Familie Hirschfeld aus Hankensbüttel weltweit auf verschiedenen Kontinenten.

FAMILIE JACOBSOHN

Einst lebte in Hankensbüttel im Gebäude des heutigen Schuhhauses Schulze in der Celler Straße Nr. 1 eine zweite jüdische Familie namens Jacobsohn. Sie hatte den Hof des Adolf Menzhausen mit der Nr. 49 in der zweiten Hälfte des 19. Jahrhunderts gepachtet und betrieb dort ein Textilgeschäft, in dem Carl Gille als Geschäftsführer fungierte.

Hauptsitz dieser Familie war zunächst Beedenbostel. Dort eröffnete 1815 der Kaufmann Jacob Samuel Jacobsohn (geb. 7. Oktober 1782) ein Manufakturwarengeschäft. Samuel hatte insgesamt neun Kinder. Zeitweise trat er auch als Vormund der Kinder des Moses Hirsch aus Hankensbüttel in Erscheinung (s.o.).

Die Kinder Siegfried und Max seines Nachkommen Hermann Jacobsohn erblickten 1861 bzw. 1864 in Hankensbüttel das Licht der Welt. Siegfried, später ein erfolgreicher Geschäftsmann in Hannover, war seit 1909 Inhaber der dortigen Firma Nagel & Jacobsohn. Er kaufte 1921 das Anwesen in der Celler Straße in Hankensbüttel. Verheiratet war er mit Pauline Dammann aus Gehrden. Mit ihr hatte er die vier Kinder Caecilie (1893), Kurt (1895), Ernst (1899) und Dorothea (1903). Den Ehemann seiner Tochter Caecilie, Berthold Freudenthal, machte er 1922 zum Teilhaber.

Siegfried Jacobsohn, der Inhaber des Textilhauses Jacobsohn in Hankensbüttel, starb kurz nach der Machtergreifung Adolf Hitlers am 11. März 1933. Ihm blieb dadurch das schreckliche Schicksal seiner Kinder und Geschwister erspart. Sein Sohn Ernst, Mediziner und Weltkriegsteilnehmer, dessen Ehefrau, seine Töchter Dorothea und Caecilie, deren Ehemann und Tochter Ruth wurden in Riga bzw. Auschwitz umgebracht. Ermordet wurden auch die kompletten Familien von Siegfrieds Bruders John und seiner Schwester Ida.

Kurt Jacobsohn

Sohn Kurt konnte trotz Verfolgung unter schwierigsten Bedingungen überleben. Er war nach dem Tod seines Vaters und dem seiner Mutter 1939 einziger Erbe nicht nur des Anwesens in Hankensbüttel, sondern des weit größeren renommierten Unternehmens in Hannover.

1941 wurde er von den Nationalsozialisten seines ganzen Vermögens beraubt und kam unter fadenscheinigen Gründen für vier Monate in Gestapo-Haft in Hannover. Nach seiner Freilassung begab er sich 1942 nach Berlin, wo er zur Zwangsarbeit herangezogen wurde und den Judenstern tagen musste. Als ihm die Deportation drohte, entschied er sich zu einem entbehrungsreichen Leben im Untergrund. Er versteckte sich in kalten Kellern der Großstadt und in Gartenlauben. Da er keinen Zugang zu Lebensmittelkarten hatte, konnte er sich nur mühsam ernähren. Gesundheitlich schwer angeschlagen, überlebte er den Krieg und zog 1948 wieder nach Hannover. Dort kämpfte er erfolgreich vor Gericht um die Rückerstattung seines Vermögens, wurde entschädigt und empfing eine Wiedergutmachungszahlung.

Das Haus nach der Enteignung 1941

Das Geschäftshaus in Hankensbüttel, das nach der Enteignung in den Besitz Carl Gilles übergegangen war und an dessen Töchter vererbt wurde, erhielt er wieder zurück.

Kurts Erbin, eine Cousine namens Rosen, verkaufte 1968 das Geschäft wieder an Ursula Gille, verheiratete Wunderling, die es bis 1991 mit tatkräftiger Unterstützung ihrer Nichte Irmgard Vetter führte. Danach ging das Anwesen in den Besitz der Familie Schulze über. ∎

Kundinnen im Geschäftshaus Gille

HINWEISE: Die alten Aufnahmen aus Hankensbüttel stammen überwiegend aus dem Archiv von Volker Unruh, die aktuellen Fotos überwiegend von Peter Dietz, der auch die Porträts der Mitglieder der Familien Hirschfeld und Jacobsohn ausfindig gemacht hat.
Einen vom Autor erstellten genealogischen Überblick über die jüdischen Familien des Synagogenbezirks Bodenteich-Hankensbüttel ist im Internet unter folgendem Link zu finden: https://gw.geneanet.org/synagoge_w?

Miene erste Dauerwelle ILSE OERTEL

Freuher weie dat so: De meisten Mäkens har'n so lang bet sei ut de Schaul keimen, lange, geflochtene Zöpfe. De Mudders har'n öre langen Hoahr to eenem Knoten am Hinnerkopp tohoopensteckt und de Kerls seihen alle fast gliek ut. De Hoahr weien bet öber de Ohren rundum um ören Kopp kort schneen. Use Mama hat sick mit de Brennschere, de utseih wie de Grilltangen hütte, Wellen in öre Hoahr brannt, wenn sei moal to eene groote Fieer inloadt wör. Wenn de Brennschere ut de hitte Glaut keim, wör erstmoal in Zeitungspapier probeiert, to hitt dörf sei ok nicht wähn und de Asche möss ok erst entfernt werden.

Joahre später geif dat denn bie dem Friseur de erste Dauerwelle. Do seit man denn no de langwierige Fixierung mit de neimodischen Lockenwickler schon eene Stunne uppen Frisierstauhl und denn keim man unner de Haube, so een kugelrundet Gebilde dat utseih as een Emmer um de Hoahr to drögen. De ganze Kopp möss do deip mit rin und denn duer dat noch wer eene Stunne und dat weie so hitt, dat de Schweet eenem vom Kopp leif. De Dauerwelle weie bannig düer, öber wenn man de ganze Prozedur von drei bet veie Stunnen öberstoahn har, blieven de Wellen een halvet Joahr uppen Kopp. Wellen weien dat eegentlich nicht, mehr luter lütsche Locken an Locken. Und wenn dat moal Regenwäher und feuchte Luft weie, denn har man ringsum allet vull von noch lütschere Kringellocken.

As miene öllere Schwester Hildegard no Gifhorn to Höheren Handelsschaule keim, keimen öre langen Zöpfe ok aff. Sei har so schöne, dicke, lange, glatte, schwarte Zöpfe. Use Öllern har'n vör den Friseur gor keen Geld öber, öber wenn dat to Lehre in de Stadt güng, schöllen de Mäkens besonners gaud und anständig utseihen und de Dauerwelle gehör nu dotau. Use Mama hat denn mit dem geelen Postbus mit ör losfeuert und ick heff denn luert, bet sei mit dem Bus wer trüchkeimen. Ick seih sei noch rutkohmen: Mama bannig stolz und miene Schwester wör mick richtig fremd. As so eene feine Doame ut de Stadt keim sei rut ut dem Bus gestöckelt und har jetzt de Hoahr bet an de Ohren weg und Locken.

Etliche Joahr wieher har use Papa mick no miene Schaultied eene Lehrstelle im Büro utsocht. Dat weie domoals so. Papa und Mama wüssen genau, wat vör öre Kinner dat Beste wör. Papa segg denn to mick: »Du gahst in Büro, do sitzt du im Drögen und brukst nicht uppen Felde in de Landwirtschaft bie Wind und Wäher rumkruppen.«

Nu weie ick an de Reege, dat ick ok no'n Frisör möss. »Du kannst nicht im Büro mit so lange Zottelhooar sitten«, segg mien Voader, am Kopp musst du besonners ordentlich utseihen. Ick har schönet, dunkelbrunet Hoahr und von Natur ut weien do a Locken und Wellen drin. Do seit ick nu und de Hoahr keimen affgeschneen. Lockenwickler indrahen, utdrahen, dörchwaschen, wer waschen, wer indrahen und denn deip mitten Kopp unner de Trockenhaube. Do keim dick de hitte Luft um de Ohren bruust, künnst keen Wurt mehr verstoahn und rutkiecken güng ok nicht mehr. Noch eene halve Stunne do unnersitten und denn weie de Kopp puterrot und de Schweet leip mick vom Gesicht. Wie ick woll utseih mit de neie Frisur?

Endlich weie ick fertig und künn mick ankiecken. Ick har eenen Pudelkopp! Dörch de Naturkrause und nu noch dörch de Dauerwelle har ick eenen Kopp, duppelt so groot as vörher. So besonners schön künn ick dat nicht finden.

Twee Doage wieher wör denn mien erster Arbeitsdoag. Use Mama har mick noch eenen neien dunkelgreunen Faltenrock und eene rotkarierte Bluse von Gutmann ut Wittingen kofft und neie Perlonstrümpe mit dem Satz: »Seih dick vör dat du de Strümpe nicht glicks kaputt rittst, de Loopmaschen wer upnehmen bie Eggers in Wittingen kost Geld. Wenn de düren Perlonstrümpe eene Loopmasche har'n, künn man de too'n Maschen upnehmen no Drogerie Eggers henbringen. Dat weie nicht so düer as neie Strümpe kööpen. Ick weie doodunglücklich! Dat weie Regenwäher und dörch de feuchte Luft stünnen miene sowieso schon duppelt vullen Hoahr u balle dreifach um mick rum. Immer wenn mick eener ankiecken däh, kreich ick Haartkloppen. De mööt mick doch utlachen? Öber seggt hat keener wat. Ick heff eene ganze Tied brukt, bet ick mick an mienen neien Kopp gewöhnt har.

In einer Wurstdose in der Speisekammer versteckt

125 Jahre alte Kette für den besten Schützen im USK ist bis heute in Gebrauch.

KLAUS-DIETER OPPERMANN

Der Schütze des Uniformierten Schützenkorps, der den besten Schuss aller Vereinsmitglieder auf die Königsscheibe abgibt, bekommt dafür eine Kette umgehängt, die im Verein bereits seit 125 Jahren vergeben wird. Somit ist sie die älteste Kette, die im Gifhorner Schützenwesen noch verwendet wird.

Sie wurde 1898 aus Anlass des 75-jährigen Vereinsbestehens von der Firma »G. Schulze Kornbranntwein Brennerei Presshefen u. Likörfabrik Hannover« gestiftet. Das verrät eine Gravur auf dem Schild der Kette. An der Kette befand sich noch ein Anhänger mit der Gravur: »Dem besten Schützen des Uniformierten Schützencorps, gestiftet von Carl August Meinecke in Hannover«. Da beides zusammen an das Schützenkorps übergeben wurde, liegt die Vermutung nahe, dass der Stifter dieser Plakette eine Verbindung zur Brennerei hatte. Das ließ sich bisher aber nicht ergründen.

Die 125 Jahre alte Kette
Foto: K.-D. Oppermann

Der erste Schütze, der diese Kette tragen durfte, war der König von 1898, Ernst Prilop. Auf dem Foto sieht man ihn mit der Kette. Zwischenzeitlich änderte sich offenbar der Anlass, aus dem die Kette verliehen wurde. War es 1898 noch der König der Stadt Gifhorn, trägt sie im Jahr 1923 Max Andrae, der damals Leiter der Stadtkapelle Gifhorn und Offizier im Uniformierten Schützenkorps war. Schützenkönig im Jahr 1923 war Otto Büssing vom Uniformierten Schützenkorps. Der 1. und der 2. Andermann kamen ebenfalls vom USK, sodass es so ist, dass Max Andrae als Sieger beim Schiessen um die Freitagswiese, (früher auch oft »Freitagkönig« genannt), die Kette umgehängt bekam.

Ernst Prilop, der König von 1898, mit der Kette.
Foto: USK-Archiv

Max Andrae, Leiter der Stadtkapelle und USK-Offizier, trägt im Jahr 1923 die Kette. *Foto: USK-Archiv*

Im Jahr 1939 wird die Kette von Schützenkönig Wilhelm Fricke (vierter von links) getragen. *Foto: USK-Archiv*

Auf einem Foto des Jahres 1939 wird die Kette von Wilhelm Fricke getragen, also nun wieder vom König aus dem USK.

Wilhelm Fricke war 1939 ein sehr erfolgreicher Schütze, denn neben der Würde des Königs der Stadt gelang es ihm, im Bürgerschützenkorps den Titel des Korpskönigs zu erringen. Fricke war Mitglied in beiden Vereinen.

Das Königsbandelier hatte Wilhelm Fricke vor dem Krieg bei der Stadt abgegeben. Die Kette des USK sowie die Korpskönigskette des Bürgerschützenkorps hatte er in weiser Voraussicht in Wurstdosen eingebördelt und in seiner Speisekammer versteckt. Dadurch hat er die Ketten dem Zugriff plündernder Besatzungssoldaten entzogen und für seine Vereine gerettet.

Im Jahr 1978 wurde oben am Schild eine Erweiterung angebracht. Dieses zusätzliche Teil enthält die dreizeilige Aufschrift: »150 Jahre USK – König Eckhard Stever – 1823 1978«. Leider ließ sich nicht mehr feststellen, wer diese Erweiterung initiiert hat.

Die Plakette, die am Schild der Kette befestigt war, ist in neuerer Vergangenheit verlorengegangen. Das neueste bekannte Foto, auf der sie noch vorhanden ist, stammt aus den Neunzigerjahren des vergangenen Jahrhunderts. ■

Beißender Rauch und allerlei Gerüche

Das Wohnen auf dem Land war in früheren Zeiten alles andere als romantisch. Es gab keinen Komfort, stattdessen eine offene Feuerstelle, kaltes Brunnenwasser und ein zugiges Plumpsklo.

GERD BLANKE

Als mein Vater 1901 eingeschult wurde, fiel ihm der merkwürdige Geruch eines Mitschülers auf. Dieser roch ständig nach Rauch von verbranntem Holz oder Torf. Der Junge lebte mit seiner Familie in einem der letzten Rauchhäuser des Dorfes.

Ein Rauchhaus war in unserer Gegend ein niederdeutsches Hallenhaus ohne Schornstein, in dem Mensch und Vieh (bis auf Schweine) unter einem Dach lebten. Der Rauch entstand am offenen Herdfeuer, der einzigen Wärmequelle im Haus und zog durch die geöffnete Dielentür und einem kleinen offenem Dreieck in der Giebelspitze ab, dem Uhlenlock (Eulenloch). Über dem Feuer hing an einem Kesselhaken der Grapen (ein eiserner Topf). Der Kesselhaken war an einem Balken des Rähms befestigt und konnte zum Feuer geschwenkt werden. Außerdem ließ sich der Grapen mit Hilfe eines Ringes am gezähnten Kesselhaken näher an die Flamme bringen. Daher stammt der Begriff »einen Zahn zulegen«. Der Rähm, eine solide Vorrichtung aus Brettern verhinderte, dass sich bei Funkenflug das darüber befindliche Strohdach entzündete. Der aufsteigende Qualm konservierte die am Rähm hängenden Würste und Schinken und obendrein das Gebälk des Hauses. Der Rauch und die Absonderungen von Kühen und Pferden bildeten eine besondere Geruchsmischung, die sich in der Kleidung der Bewohner und deren Haaren festsetzte.

Wo Tier und Mensch unter einem Dach wohnten, wimmelte es von Fliegen, Mäusen und Ratten, denn die Nahrungsvorräte lagerten ebenfalls dort.

An einem solchen Kesselhaken hing der eiserne Topf über der offenen Feuerstelle.

Sandsteineinfassung eines
Brunnens in Altendorf.
Foto: Gerd Blanke

Die Körperpflege war in der damaligen Zeit recht begrenzt, denn Badezimmer oder Wasserleitungen waren auf dem Lande noch nicht gebräuchlich. Die Wasserversorgung erfolgte meistens über einen offenen Brunnen, der in Sandstein eingefasst war. Über der Einfassung gab es entweder einen Ziehbrunnen (»Wippe«) oder eine Holzrolle mit einer Kette und einem Eimer, mit dem das oberflächliche Grundwasser geschöpft wurde.

Eine »Wippe« erleichterte das
Schöpfen des Wassers aus dem
Brunnen.   Foto: Gerd Blanke

Als Kind konnte ich selbst das Leben und Arbeiten in einem Niederdeutschen Hallenhaus in den Vierzigern des letzten Jahrhunderts beobachten, denn es lag in unmittelbarer Nachbarschaft unserer Wohnung. Näherte man sich dem Haus über den mit Lesesteinen gepflasterten Hof, so begrüßten den Besucher die Köpfe von zwei mächtigen Kaltblutpferden aus den Ställen direkt neben der Dielentür (Groote Dör). Öffnete man dann die kleine hölzerne Tür in der Großen Tür, so erkannte man im Halbdunkel den gestampften Lehmboden. Die Kühe, die hinter den noch vorhandenen Raufen früher gestanden hatten, waren in einen modernen Stall umgezogen. Ging man weiter durch die Diele, lag auf der linken Seite die »Melkkammer« mit einer Außentür. Danach folgte die mit Bett, Schrank und Stuhl spärlich eingerichtete »Knechtkammer«. Nun erreichte man durch eine weitere Holztür den Wohnbereich und stand auf einem Flur, der das Haus ganz durchquerte und an jeweils einer Außentür endete.

Historisches Foto (aufgenommen um 1895) eines 1779 erbauten, mit Reet gedeckten Hallenhauses in Ausbüttel. Der fehlende Schornstein weist es als »Rauchhaus« aus.

Hinter der linken Außentür kam man über breite Sandsteinplatten zum neuen Stallgebäude, die Außentür rechts führte in den Blumengarten. Vom Flur mit schwarz-weißem Terrazzo-Fußboden gingen fünf Innentüren zu verschiedenen Räumen. Gleich links kam man in den Vorratskeller mit gestampftem Lehmboden. In den ging es über eine hölzerne Treppe mit wenigen Stufen herab. Im Keller standen auf vielen Regalen eingekochtes Obst und Fleisch. An der Decke hingen geräucherte Würste und Schinken. In diesen Jahren kurz nach Ende des zweiten Weltkrieges gab es auf dem Dorf noch keine Kühlschränke. Lebensmittel wurden, wie in früheren Zeiten, durch Einsalzen in Fässern, Räuchern, Trocknen, Säuern wie z. B. Sauerkraut oder alkoholische Gärung haltbar gemacht.

Die zweite Tür rechts vom Flur führte in die »Lütje Stuv«, einen Raum mit einem Schrank zur Flurseite. Das Zimmer hatte zwei kleine Fenster, aus denen man in Richtung Stall sah. In der Kleinen Stube gab es außerdem einen Tisch, einen mit rotem Samt bezogenen Sessel, der vom Altenteiler besetzt war, einen Spinnstuhl mit einer Lehne und einen kleinen braunen Kachelofen.

Die nächste Tür, die meistens geöffnet war, führte in die Küche. Gleich rechts stand der mächtige gemauerte, mit Holz beheizte Herd mit eisernen Ringen. Die Ringe waren einzeln herausnehmbar. So konnte man unterschiedlich große Töpfe ins Feuer stellen. Auch wenn alle Ringe eingesetzt waren, schlossen diese nicht mehr vollständig. Bei Dunkelheit tanzten dann kleine Flammenbilder an den Küchenwänden. Auf dem Herd stand immer ein Wasserkessel, in dem heißes Wasser bereitgehalten wurde, das beim Sieden einen singenden Ton von sich gab. Gegenüber gab es den früher weiß lackierten Küchenschrank, inzwischen schon etwas gelblich verblichen. Daneben führte eine Tür in eine winzige Speisekammer. Rechts davon befand sich die einzige Wasserstelle des Hauses, eine gusseiserne Handpumpe. An der Pumpe hing ein meistens gefüllter Blecheimer mit einer ebenfalls blechernen Kelle. Aus der trank jeder Hausbewohner, wenn er Durst verspürte. Unmittelbar neben der Pumpe war an der Wand ein Brett befestigt, auf dem ein Stück Kernseife lag. An einem Nagel hing ein Handtuch aus grobem Leinen. Bevor sich alle Hausbewohner zum Essen um den Küchentisch versammelten, wusch man sich die Hände unter der Pumpe. Das Handtuch bekam nach jedem Gebrauch einen dunkleren Grauton, da das kalte Pumpenwasser die Hände nicht gründlich genug reinigte. Über dem Küchentisch hing an einer Lampe ein Fliegenfänger. Das war eine Leimrolle, die häufig ausgewechselt werden musste, denn Fliegen gab es reichlich.

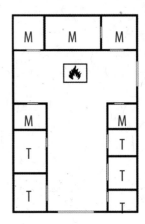

Typischer Grundriss eines Niederdeutschen Hallenhauses, in dem Menschen (M) und Tiere (T) unter einem Dach lebten. Später wurde das Vieh in externe Ställe ausquartiert, sodass die freigewordenen Bereiche im Haus als Abstellräume genutzt oder zu Wohnräumen umgebaut werden konnten.

In den Schlafräumen standen eine Waschschüssel und ein Krug mit kaltem Wasser bereit.

Der Nachbarraum, die »Große Stube«, wurde nur an Festtagen benutzt. Hier befanden sich feine dunkle Möbel, ein Sofa mit zwei Sesseln und ein weißer Kachelofen.

Vor der Tür führte eine steile, hölzerne Treppe zu den unbeheizten Schlafräumen der Bewohner. Neben den Betten enthielten sie jeweils einen Kleiderschrank und eine Anrichte, auf der ein Krug mit kaltem Wasser und eine Schüssel zur Körperpflege stand. Das gebrauchte Wasser musste wieder in der Schüssel die Treppe hinuntergetragen werden. In die Schweinebucht neben der »Lütjen Stuv« kam das Abwasser.

Gegenüber der »Großen Stube« befand sich noch ein ungeheizter Schlafraum, der von einer weiblichen Hauswirtschaftshilfe bewohnt war, damals noch als Magd bezeichnet.

Wollte man die Toilette aufsuchen, musste man die Außentür neben der »Lütjen Stuv« benutzen. Man betrat einem breiten Plattenweg aus Sandsteinen und kam an einer Bank vorbei, auf der kopfüber die gesäuberten Milchkannen zum Trocknen standen. Der Weg zum Plumpsklo musste nicht beschrieben werden, man roch es schon aus einiger Entfernung. An der Seite der Viehstallung erkannte auch ein Fremder die Örtlichkeit durch das Herz in der Tür. Wir Kinder erklärten uns den Grund für das in die Tür geschnittene Herz so, dass die Fliegen so besser ein- und ausfliegen konnten. Öffnete man die Tür, empfing den Gast, besonders im Sommer, wenn der Inhalt der Grube durch Wärme zur Gärung kam, ein stechender Geruch mitsamt Gebrumm zahlreicher Fliegen. Man sah dann eine halbsteinig gemauerte kniehohe Wand. Die Sitzfläche bestand aus Brettern. In der Mitte der Bretterplatte befand sich ein großes Loch, in das auch das größte Hinterteil der Hausbewohner passte. Für uns Kinder erforderte es einen Balanceakt, um nicht rücklings in die Grube zu fallen. An der Wand hing ein Draht, auf den geviertelte Zeitungsseiten aufgespießt waren. Um das Zeitungspapier benutzungsbereit zu haben, musste man es mehrmals zwischen den Händen rubbeln, sonst wäre es zu glatt gewesen. In diesen Jahren gab es wohl kein Hinterteil im Dorfe, das nicht von Druckerschwärze gefärbt war, denn anderes Toilettenpapier gab es nicht. Besonders im Winter war der Gang zum Plumpsklo nur angesagt, wenn er wirklich unvermeidlich war, denn die eiskalte Zugluft von unten war äußerst unangenehm.

Über dem Plumpsklo lag der Kornboden, der über eine steile Treppe mit einer wackeligen Stange als Geländer zu erreichen war. Hier lagerte das Futtergetreide.

Neben dem Plumpsklo erreichte man durch eine ebenerdige Tür die Futterküche, in der ein großer mit »Buschholz« befeuerter Kessel zum Kochen von Kartoffeln für Schweinefutter stand. »Buschholz« bestand aus Kiefernzweigen mit Nadeln und anderen dünnen Ästen, die zu Bündeln gebunden beim Heizen schnelle Hitze gaben. Ferner gab es dort einen weiteren Kessel, in dem die Wäsche der Bewohner gekocht wurde. Daneben stand ein großer verzinkter Druckkessel mit einer elektrischen Pumpe für die Wasserversorgung des Viehs. Jede Kuh hatte an ihrem Standplatz eine automatische Selbsttränke.

Der Aufenthalt auf dem Plumpsklo war besonders im Winter kein Vergnügen.

Im Schweinestall konnte man noch ein Relikt aus alten Zeiten sehen. In einer Bucht mit Ferkeln hing eine elektrische Wärmelampe an dem Kesselhaken, der früher im Rauchhaus gebraucht wurde.

Wenn ich manchmal Leute von »guten alten Zeiten« sprechen höre, so denke ich u.a. an das damalige geringe Niveau der Körperhygiene, die Unzahl der Fliegen und Mäuse und das ungemütliche Plumpsklo. Waren die Zeiten wirklich besser als heute? ■

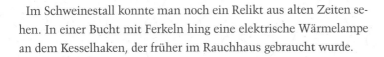

Versteeken spöölen ILSE OERTEL

Dat Spööl »Versteeken« kennt de Kinner hüttigen Doages goar nicht mehr. Wo schött sei sick ook versteeken? Up de grooten Buernhöfe is dat hütte nicht mehr möglich. Öberall stoaht groote Maschinen herum, do dörft keen Kind drumrumturnen. De Buern sind ook weniger geworden und de grooten Schünen stoaht oft a leer.

Wenn wei Kinner üsch no den Schauloarbeiten im Dörp dreepen dähn und wü weien meist so acht bet tahn Kinner, dann har'n wei Lust too'n Versteeken spöölen.

Eener wör utsocht und de hat denn an de Schünenwand oder an eenem grooten Boom stoahn, sick de Oogen toholen und hat aftellt: »Een, twee, dree, veie Ecksteen, allens mutt versteekt wähn, hinner mick, vörder mick, een twee, dree, ick koom!«

In de Twischentied har'n sick alle annern Kinner versteeken und nu mössen sei funden wär'n. Dat weie gor nicht so eenfach! In usem Dörp geif dat vöhle Buern mit grooten Stallungen und Nebengeloaten. In de Schüne künn man sick gaut im Heu und Strauh versteeken, ok in de oolen Kutschwoagen, wo dat sonndoags mit to Kerk güng, künn man rinkruupen. Im Buschholt, dat too'n Feueranbeuten brukt wör, weie man ok nicht too siehn. Do weie dat bloß piekig von de Kiefernnoadeln. Hinner'n Holtstall, wo dat gehackte Holt too'n Füern vör den Winter upbewoahrt wör, künn man sick ok seuken loaten. Leig do taufällig noch een Kartuffelsack, fix har man sick den öberstülpt und man legg sick an de Siete ganz ruhig hen. Immer wer geif dat neie Ideen! Öberall weie man ook gern geduldet. Manchmal kreigen wei ok Schimpe, wenn wei dat to dulle drieben dähn, öber de Oolen hött üsch ok manchet Moal gaue Stähen towiehst, wo üsch keener so schnell finden künn.

Bie Paas Möller moak dat immer besonners vöhl Spoaß. De groote Schüne leig unnen vull von Kartuffeln und Runkeln und boben't uppen Böden wör Strauh und Hau upbewoahrt. De Böden weie so groot und güng bet öber de Stallungen lang henweg.

Een Moal har ick mick boben't im Hau versteeken. As ick von wiehem dat Raupen hören däh, heff ick mick eenen Gang dörch dat düstere Heu buddelt. Keener schöll mick finden! Dat güng ganz gaut. As so een Muulwörm paddel ick mick vöran. Bannig warm wör mick dorbie, ick möss ordentlich pusten. Siehen künn ick goar nix mehr und de Schweet leip mick immer duller vom Kopp. De Gang möss doch irgendwo to Ende siehn? Öber man los, finden schöllen sei mick nicht!

Up eenem Moal wör dat Hau so weick und as ick noch moal tofooten woll, oje, wat is dat?! Ick weit bloß noch, dat ick mick fürchterlich verjoagt heff und allens düster weie und ick en een Lock hendoal suuste.

As ick de Oogen wer upmoaken dä, künn ick wer Doageslicht siehn. Öber wo weie ick? Ick leig uppen Rücken up Strauh und boben't öber mick, ganz wiet boben't, keicken mick veie Kinner, miene Spöölkomeroaden, an und hött schallend lacht!

Ick woll anfangen to schimpen, öber wat Grootet, Schwaartet keim öber mick, eene lange, rosa Tunge kreich ick to siehn und dat Ungetüm woll geroade moal verseucken, öb ick gaut too freeten weie. Öber so schnell as ick künn, trudel ick mick von de Siete, hen no de Wand und nix wie weg öber de Klappe uppen Gang in den Stall. Ick weie im Kauhstall ankoomen weest! Boben't ut de Luke, wo dat Hau too'n Futtern vör de Diere runnerstött wör, weie ick bie mien Versteeken to Fall koamen.

Ick har eenen dullen blauen Plack und dat noch eene Woche lang up mienem Hinnersten. Und im Hau, heff ick mick von do an nicht mehr versteeken!

Da, wo alles stark und ohne Ende ist

Aus dem bewegten Leben einer Wahrenholzer Pastorenfrau

STEFAN LUTTMER

Viele Menschen verbinden mit dem Begriff »Heimat« eher ein Gefühl als eine klare Definition. Die Frau, um die es hier gehen soll, hat sich dazu ein paar konkrete Gedanken gemacht. In ihren Lebenserinnerungen schreibt die Pastorentochter und Pastorenehefrau Thea Werthmann: »Die Frage ist, wo ist die Heimat des Menschen? Der Geburtsort? Ausbildungsstelle? Arbeitsstelle? – Einfach die zusagende Umgebung?«

Thea Werthmann hat diese Frage für sich beantwortet: Ihre Heimat ist ihr Geburtsort Balje an der Elbe: »... am Wasser, am Meer, da, wo der Wind zum Sturm wird, wo er die großen Wolken über den Himmel jagt, wo das Meer in hohen Wellen rauscht, wo Möwen schreien und wo die Sonne ganz richtig ist. Da, wo alles stark und ohne Ende ist. Da ist meine Heimat, nach der ich mich immer sehne.«

FRÜHE KINDHEIT

Balje im Landkreis Stade war damals ein kleines Dorf hinterm Elbdeich, mit Landwirten und Fischern. Die Häuser waren aus roten Klinkern und mit Reet gedeckt, die Straßen mit Kopfsteinen gepflastert. Es gab einen »Binnendiek« und einen »Butendiek«. Der Weg vom Dorf an die Elbe führte über Hecken und Weiden, auf denen das Vieh graste, und vorbei an zahllosen Prielen. Anfang des 20. Jahrhunderts waren die Weiden bei Hochwasser noch oft überschwemmt.

Theas Vater, Johannes Wahlers, war der örtliche Pastor, und so wurde sie am 23. Juni 1904 im Pfarrhaus in Balje geboren. Sie war das erste Kind ihrer Eltern, die später noch drei Söhne bekamen, von denen nur Gerhard (geb. 1907) und Wilhelm (geb. 1909) am Leben blieben. Gerhard wurde Ingenieur, Wilhelm Seemann.

In ihren Lebenserinnerungen berichtet Thea davon, dass ihr Vater sie an die Hand nahm, als sie etwa fünf Jahre alt war und mit ihr auf den »Binnendiek« ging, um ihr die Wolken zu zeigen, die gejagt wurden vom Sturm und immer dunkler wurden, in denen sich ein Gewitter anzeige. »Durch diese Hilfe zum richtigen Sehen habe ich nie Angst gehabt vor Gewittern«, sagte sie später einmal.

UMZUG NACH WAHRENHOLZ

1912 zog die Familie nach Wahrenholz, wo Theas Vater die Pfarrstelle übernahm. Für die Achtjährige bedeutete das große Veränderungen: Nicht nur musste sie die Schule wechseln, die Landschaft und das Dorfbild waren auch komplett anders als in Balje: statt grüner Weiden braune Heide; statt großer Elbe der kleine Fluss Ise; statt Klinkerbauten Fachwerkhäuser mit Strohdächern. Thea vermisste den Deich und die unendliche Weite der Außenelbe, freute sich aber über mehr Wald und viele große Bäume im Ort.

Sie erinnert sich: »Der Lebensstil war bescheiden und auch der Boden; viel Sand, große Moore und Wiesen. Weiden mit schwarzbunten Kühen. Auf den Moorboden wurde Buchweizen gesät. Eine

Bauernhaus in Wahrenholz, um 1910   Foto: Heimatverein Wahrenholz

1912 *Die bürgerliche Frauenbewegung formiert sich, ruft zur Demonstration für das Frauenstimmrecht auf.*

Kartoffelroden in Handarbeit
Foto: Heimatverein Wahrenholz

Mühle, den Buchweizen zu mahlen, stand in einem ganz alten Gebäude, die Fachwerke waren noch mit Weiden geflochten. Und alt war auch Wendt's Mutter, die die Mühle betreute. Auf dem normalen Acker war meistens Roggen, Hafer oder Gerste gesät, und gepflanzt wurden viele Kartoffeln und Runkeln. Der Pflug wurde von ein oder zwei Tieren gezogen, Pferd oder Kuh, und mit Hand geleitet. Auch die Ackervorbereitung und das Säen und Pflanzen geschah natürlich mit der Hand. Und selbstverständlich waren alle vom Hof zum Helfen gebraucht und oft auch noch in der Ernte die Nachbarn und Verwandten. Besonders in der Heuzeit, wenn man eventuell gutes Wetter ausnutzen musste. Die Oma blieb zuhause, betreute die kleineren Kinder, bereitete das Essen, fütterte auch Kleinvieh und sorgte, dass das nötige an Essen auf Feld respektive Wiesen kam, denn oft waren die Wege weit. Schön war, wenn in der Heu- oder Kartoffelernte die Nachmittagsmahlzeit raus kam. Kaffee (gebrannte Gerste oder Roggen) in einer Tonkruke, Emaillebecher zum Trinken und Roggenstuten mit Butter – das schmeckte! Das hat immer viel Spaß und Freude gemacht.«

Wie alle anderen Mädchen im Dorf half auch Thea schon früh bei der Kartoffelernte und rodete auf Knien mit einer Hacke. Dann kamen die Kartoffeln in Körbe, die die Männer in Säcke entleerten.

Anders sah es bei der Torfarbeit aus. Dabei durften nur Kinder über zwölf Jahren mithelfen. Die Wege ins Moor waren weit. Fahrräder gab es kaum, und so ging Thea mit ihren Freundinnen früh morgens zu Fuß die acht Kilometer ins Moor, arbeitete dort den ganzen Tag und ging erst gegen Abend zurück, ziemlich verdreckt. Da es auch im Pfarrhaus kein Badezimmer oder dergleichen gab, zog sich Thea dann ihren Badeanzug an und lief über die Wiesen zur Ise, wo sie sich waschen konnte.

Als sie zehn Jahre alt war, richtete ihr Vater in einem Raum des Hauses eine Privatschule ein. So konnte vermieden werden, dass Thea Wahrenholz verlassen musste, um auf eine weiterführende Schule zu gehen. Insgesamt wurden im Gründungsjahr 1914 zehn Kinder (vier Mädchen und sechs Jungen) unterrichtet.

In das Jahr 1914 fiel auch der Beginn des Ersten Weltkriegs, und Thea erinnert sich, dass sie einmal mit ihrer Schulklasse einen Zug sahen, aus dessen Fenstern Soldaten in grauer Uniform herausschauten. Mit ihrer Lehrerin zogen die Schulkinder, Fahnen schwenkend, durchs Dorf und sangen das Lied »Der Kaiser ist ein lieber Mann, er wohnt in Berlin«. Einmal wanderten sie zusammen bis an den nördlichen Dorfrand, in den sogenannten »Taterbusch«. Das war ein Kiefernwäldchen, das für die damals sogenannten Zigeuner, deren alte Bezeichnung auch »Tatern« war, der erlaubte Rastplatz war. Dort durften die Schulkinder dann spielen.

DORFLEBEN UND GOTTESDIENSTE

Auch Thea wurde von der Zeit, in der sie aufwuchs, und von den Menschen, die sie umgaben, geprägt. Im Dorf herrschte damals noch eine starke Frömmigkeit. Abgesehen vom Stundenschlag war eine Kirchturmglocke um elf Uhr zu hören. Dann hielt der Kutscher seine Zugtiere an, nahm seine Mütze ab und betete ein »Vaterunser«.

An jedem Sonntag ging mindestens ein Familienmitglied zum Gottesdienst, der in der Regel zwei Stunden dauerte. Sonntagnachmittags von 14 bis 18 Uhr mussten die Kinder zur sogenannten »Kinderlehre« und dort unter anderem das Evangelium und das Lied des Tages auswendig aufsagen. Alle hatten den kleinen Katechis-

Kirche in Wahrenholz, 1929
Foto: Heimatverein Wahrenholz

1914 *Deutsche Soldaten ziehen unter jubelnder Anteilnahme der Bevölkerung in den Krieg.*

mus mit Erklärungen gelernt und ganz viele Bibelgeschichten und Lieder aus dem Gesangbuch dazu.

Beim Gottesdienst und beim Abendmahl war die Gemeinde nach Geschlechtern getrennt. Die dominierende Kleiderfarbe war Schwarz bis zu den Strümpfen. Thea Werthmann wurde mit dieser gesellschaftlichen Norm besonders konfrontiert, als sie 40 Jahre alt wurde. Damals kamen Frauen aus dem Dorf und sagten ihr: »Du bist jetzt old, nu musst swart Tüch antrekken« (Nun bist du alt, nun musst du schwarzes Zeug anziehen).

Sehr viel Wert wurde auf das Sicherstellen der kirchlichen Ordnung und Lehre gelegt. Bei Nichtbeachtung durfte eine Braut nicht mit Schleier und Kranz vor den Altar treten. Beides musste im Eingangsbereich im Turm deponiert werden. Und die entsprechenden Kinder wurden nicht, wie sonst üblich, im Hauptgottesdienst getauft.

DAS PFARRHAUS

Auch als Pastorentochter lebte Thea Werthmann in Wahrenholz eher in ländlichen Verhältnissen. Das Pfarrhaus war ein Fachwerkbau von etwa 1725. Da zur Besoldung der Pastoren fünfzig Hektar Acker, Moor und Wiesen gehörten, gab es auch eine Scheune für landwirtschaftliche Produkte und Tiere. Auf dem Scheunenboden richtete Theas Vater, Pastor Wahlers, einen Gemeinderaum ein.

Pfarrhaus in Wahrenholz, 1912
Foto: Heimatverein Wahrenholz

Das Wohnhaus selbst war sehr geräumig, so dass viele Menschen beherbergt werden konnten. Oft quartierten sich Freunde, Kollegen des Vaters oder sogar Missionare der Hermannsburger Mission im Wahrenholzer Pfarrhaus zu einem Besuch ein. Das Haus war teilweise unterkellert. Über dem Keller befand sich die sogenannte »Kellerstube«, das »Heiligtum« oder die Mitte des Hauses, in der das gesellschaftliche Leben stattfand.

Familie Wahlers, 1920er Jahre
Foto: Heimatverein Wahrenholz

Wie auf den meisten Bauernhöfen gab es auch im Pfarrhaus keine Toilette. Ein Plumpsklo stand hinten neben der Scheune. Wasser gab es nur an je einer Pumpe in der Küche und in der Waschküche. Ein sogenannter Klutenstall (Kluten = Torf) war auch noch da mit einer großen Luke zum Abladen.

Im großen Garten standen viele Obstbäume, Nussbäume und Kastanien. Die Familie hatte ein »Mädchen« angestellt (gegen Lohn) und eine sogenannte »Haustochter« (mit Taschengeld), die jeweils unterschiedliche Arbeitsbereiche hatten.

Umzug nach Drochtersen und Ausbildung

1921 wurde Theas Vater Superintendent, und die Familie zog um nach Drochtersen an der Elbe, etwa 60 km südlich ihres Geburtsorts Balje. Auch dieser Umzug brachte wieder große Veränderungen für Thea mit sich, denn sie und ihre Brüder mussten zur Schule oder zur Ausbildung den Wohnort verlassen: Gerhard ging zur Realschule in Hermannsburg und Wilhelm ins Internat in Ilfeld im Harz. Thea begann 1924 eine Ausbildung im Säuglingsheim in Hamburg, die sie im März 1926 mit dem Staatsexamen abschloss. Bedingt durch eine Diphtherie-Erkrankung konnte sie aber erst ein halbes Jahr später mit der eigentlichen Arbeit beginnen.

Thea Wahlers, 1929
Foto: Heimatverein Wahrenholz

Doch Thea wollte nicht dauerhaft als Säuglingsschwester arbeiten. Sie wollte Fürsorgerin werden. Die Ausbildung begann 1927 auf dem Christlich-Sozialen Frauenseminar in Hannover. Für ein entsprechendes Praktikum ging sie nach Hameln und legte im März 1929 das Staatsexamen ab.

Während sie nun eine Stelle als Fürsorgerin suchte, nutzte Thea die Zwischenzeit, um den Führerschein zu machen. Zu der Zeit musste man bei der Prüfung noch ein Rad wechseln und die Einzelteile des Motors kennen. So verwundert es nicht, dass es damals nur wenige Frauen mit Führerschein gab. Thea war eine von ihnen.

ERSTE BERUFSJAHRE

Ihr erstes Vorstellungsgespräch hatte Thea dann beim Medizinalrat und dem Landrat von Iserlohn im Sauerland. Während ihre Mitbewerberinnen formvollendet in schwarz-weißer Kleidung mit Handschuhen und Handtasche erschienen, trug Thea einen derben Wanderdress. Sie beeindruckte den Landrat durch ihre große und kräftige Statur und bekam letztendlich die Anstellung für das Hauptfach Gesundheitsfürsorge im Bezirk Hemer. Zusammen mit einer Kollegin war sie nicht nur für die Stadt Hemer sondern auch für einen großen Landbezirk mit vielen Dörfern zuständig. Das bedeutete auch lange Wege, Berge und Wälder. Thea liebte es, mit dem Fahrrad zu ihren Hausbesuchen zu fahren.

Die Arbeit erforderte auch viel Organisationstalent. Neben den Hausbesuchen musste Thea auch Konferenzen und eine regelmäßige Mütterberatung vorbereiten. Samstags kam eine Schreibhilfe vom Landratsamt, der sie alles diktieren musste, was in der Woche passiert war. Durch die Hausbesuche wurde Thea schnell klar, wie notwendig Fürsorge ist. Daher wandte sie sich an den berühmten Arzt, den sogenannten Urwaldarzt Albert Schweitzer. Sie wollte gerne als Schwester in seinem Hospital in Lambaréné (Gabun) arbeiten. Doch eine 1931 diagnostizierte Herzmuskelentzündung machte all ihre Pläne zunichte.

Thea verließ das Sauerland und arbeitete bis 1939 in verschiedenen Gutsbetrieben, zum Beispiel bei Peine, auf Rügen und in Schlesien, dann auch als Schwester zur Wochenpflege in Thüringen und in einer Jungenschule in Haubinda/Thüringen.

BEKANNTSCHAFT MIT PASTOR WERTHMANN

Bei Ausbruch des Zweiten Weltkriegs meldete sich Thea als Schwesternhelferin zum Lazarettdienst beim Deutschen Roten Kreuz, wurde aber wegen ihrer umfassenden Ausbildung als Gemeindeschwester nach Diesdorf geschickt. Dort betreute sie insgesamt vier Dörfer. Auch dort nutzte sie vornehmlich ihr Fahrrad zur Fortbewegung.

In Wahrenholz hatte Thea immer noch Freunde, die sie ab und zu mal am Wochenende besuchte. Die 26 km legte sie dann ebenfalls mit dem Fahrrad zurück.

Pastor Wilhelm Werthmann
Foto: Heimatverein Wahrenholz

Bei einem dieser Besuche lernte sie die Mutter des damaligen Wahrenholzer Pastors Werthmann kennen. Dieser war geschieden und zog seine beiden kleinen Kinder alleine auf. Oma Werthmann bat Thea um Hilfe bei der Betreuung der beiden.

Blick vom Kirchturm auf Pfarrhaus und Ise-Wiesen
Foto: Heimatverein Wahrenholz

In der darauffolgenden Zeit kamen sich auch Thea und der Kindsvater immer näher. Im Herbst 1941 gab sie ihre Arbeit in Diesdorf auf, und am 8. Dezember desselben Jahres heirateten Thea Wahlers und Pastor Wilhelm Werthmann standesamtlich in Wahrenholz. Die kirchliche Trauung fand noch am selben Tag in St. Katharinen in Braunschweig statt und wurde von Theas Vater, dem Superintendenten i.R. Johannes Wahlers vollzogen.

Thea genoss es sehr, nun wieder in Wahrenholz zu wohnen. Ihre Wanderjahre hatten endlich ein Ende. In ihren Lebenserinnerungen schreibt sie über diese Zeit: »Es war ein echtes 'Nach-Hause-Kommen'. Mein Glück waren die beiden Kinder und die Freude unserer sogenannten 'Großen Oma', im Unterschied zu meiner Mutter, der 'Kleinen Oma'. Es war [...] eine sehr schöne Zeit, voller Harmonie. Die Störche kamen im Frühling. Haus und Garten waren groß, wie ja vorher auch, wir hatten oft Besuch.«

Trotz allem herrschte Krieg, und es bestand die Gefahr, dass diese Idylle keinen Bestand haben

würde. Wilhelm Werthmann, der für seine ablehnende Haltung gegenüber der NSDAP bekannt war, galt dank einer Verfügung des Landeskirchenamts aber als unabkömmlich.

Im November 1942 wurde dann das einzige gemeinsame Kind von Thea und Wilhelm Werthmann geboren: Die vierjährige Jorinde (auch »Hinda« genannt) und der zweijährige Karl bekamen eine kleine Schwester: Christa (später oft nur »Tine« genannt).

Thea mit Baby Tine, 1943
Foto: Heimatverein Wahrenholz

DER KRIEG ERREICHT DIE FAMILIE

Der Familie war allerdings nicht viel gemeinsame Zeit beschert. Schon im Februar 1943 kam der Einzugsbefehl für Pastor Werthmann. Doch das sollte sich noch als Glück herausstellen. Er hatte nämlich Silvester 1942/43 eine kritische Predigt gehalten, die die Gestapo auf den Plan rief. Anfang März stand einer ihrer Vertreter vor dem Pfarrhaus, musste aber unverrichteter Dinge wieder abziehen, da Pastor Werthmann bereits eingezogen war.

Zuhause erhielt Thea Hilfe von der 15-jährigen Hedwig, die im Rahmen der Kinderlandverschickung aus dem Ruhrgebiet nach Wahrenholz gekommen war. Hilfe war auch nötig, denn ohne ihren Mann hatte Thea die volle Verantwortung für Kinder, Kirche, Haus, Garten, Haushalt und Hausbesuche, z.B. bei Angehörigen von Gefallenen.

VERHAFTUNG UND SONDERGERICHT

Am 6. September 1943 – nur sieben Monate, nachdem ihr Mann eingezogen worden war – änderte sich Theas Leben von einer Minute zur anderen: Nachdem sie sich vom Ortsgruppenleiter Kloke die Erlaubnis geholt hatte, ihrem Mann ein Telegramm zu schicken, stand kurze Zeit später ein kräftiger Herr vor der Tür des Pfarrhauses und stellte sich vor: »Gestapo, Kramer«. Er behauptete, Thea habe bei der Übergabe einer Briefmarke der Hilfe Hedwig gesagt: »Hier hast du einen Hitler zum Anspucken«. Alles Leugnen half nichts; Thea wurde direkt verhaftet. Auf ihre Sorge um ihre Kinder entgegnete Herr Kramer: »Die versorge ich. Die werden in Heimen untergebracht und zu guten Nationalsozialisten erzogen.« Schweren Herzens musste Thea die drei Kinder zurücklassen; ihr jüngstes war gerade einmal zehn Monate alt.

Man brachte sie in ein Gefängnis nach Wolfsburg. Dort wurde sie – wie sie später in ihren Erinnerungen schrieb – gut behandelt. Aufseher Bär hatte Mitleid mit ihr als Pastorentochter und Pastorenfrau und gab ihr Schreibutensilien, damit sie sich der Außenwelt mitteilen konnte. So schrieb sie an den Superintendenten, um ihm die Lage zu schildern. Auch schickte Aufseher Bär seine Tochter mit einem Brief von Thea zu ihren Eltern. Zur Beerdigung ihres Bruders Wilhelm, der als Soldat zwei Tage vor ihrer Verhaftung an Malaria gestorben war, durfte sie jedoch nicht fahren.

In der Wolfsburger Gestapo-Dienststelle wurde Thea dann ins Kreuzverhör genommen. Man stellte ihr in abgewandelter Form immer die gleichen Fragen, während sie auf einem sich drehenden Stuhl saß und von allen Seiten mit grellem Licht angestrahlt wurde. Danach kam sie in die Gestapo-Dienststelle Leopoldstraße in Braunschweig. Auch dort gab es wieder ein langes Kreuzverhör. Anschließend wurde sie zusammen mit zahlreichen anderen Gefangenen auf einem Lastwagen in die Landeshaftanstalt in der Wendentorstraße gebracht.

Auch in Braunschweig hatte Thea Glück und traf auf freundliches Gefängnispersonal. Die Aufseherin, die alle eingelieferten Frauen einer Körpervisitation unterzog, schaute Thea nur an und sagte: »Ach, Kindchen, bei Ihnen brauche ich das nicht zu machen.« Und dann half sie ihr auch noch, dass der Polizist den Schlüssel zur Beamtentoilette herausgab und Thea ordentlich austreten konnte.

In ihren Memoiren erinnert sie sich: »Nach langer Nacht in voller großer Zelle ging es dann am Morgen ab ins Konzentrationslager, ins Lager 21, in der Nähe von Braunschweig. Die Namen wurden abgelegt, wir wurden zu Nummern, ich war Nummer 5018. Kleiderkammer: Kombis, egal, welche Größe – Schuhe mit verschieden dicken Holzsohlen. Baracken mit acht- bis neunhundert Frauen stehen in einem Viereck um einen Innenhof, auf dem wir im ʼZockeltrabʼ, die Hände hinter dem Kopf, laufen mussten. Gehorchte man nicht, schlug die Aufseherin einem mit dem Koppelschloss auf den Kopf. Mit niemandem durfte man sprechen, auch keiner helfen, selbst, wenn sie umfiel.«

Das Lager, das Thea hier beschreibt, war das sogenannte Lager 21 in Salzgitter-Hallendorf. Es war 1940 von den »Reichswerken Hermann Göring« eingerichtet worden, nicht nur für ausländische Zwangsarbeiter, sondern auch zur Abschreckung und Disziplinierung der deutschen Bevölkerung. Die Gestapo-Leitstelle Braunschweig schickte viele Gefangene dorthin. Dort mussten sie Wassergräben aus dem schweren Lehmboden ausheben. Schwere Arbeit und schlechtes Essen führten dazu, dass viele völlig entkräftet waren. Und wieder hatte Thea Glück: Nach drei Tagen Gräben-Ausheben schickte man sie zur Arbeit in die Kleiderkammer.

Am 20. September 1943 – 14 Tage nach ihrer Verhaftung – wurde sie dann aus dem Lager entlassen und in die Frauenabteilung des Gefängnisses am Rennelberg in Braunschweig überstellt. Das bedeutete immerhin, bis zur Verurteilung eigene Kleidung tragen zu dürfen, aber auch eine menschlichere Behandlung. Thea durfte in der Nähstube arbeiten.

Am 8. Dezember 1943 wurde sie zum ersten Verhandlungstermin ins Landgericht Braunschweig gebracht, wo ein Sondergericht ihren Fall behandelte.

Schwurgerichtssaal im Landgericht Braunschweig.
Foto: Niedersächsisches Landesarchiv, Abteilung Wolfenbüttel (76 Neu FB. 4, Nr. 158

Diese 1933 von Hitlers Regierung eingesetzten Gerichte dienten der Gleichschaltung und Instrumentalisierung der Justiz für die Ziele des NS-Regimes und der Ausschaltung politischer Gegner. Gleichzeitig ermöglichten sie unter drastischer Beschneidung der Rechte des Angeklagten beschleunigte Verfahren ohne gerichtliche Voruntersuchung, gegen deren Urteile keine Rechtsmittel zulässig waren. Sondergerichte standen unter dem Druck von Gauleitern und anderen NSDAP-Funktionären und waren vor allem für als politisch eingestufte Straftaten zuständig, die jede Form von Kritik an Regierung, Partei und Polizei umfassten.

Thea erinnert sich an diesen ersten Verhandlungstag: »Zum Warten kam ich in einen ganz großen Raum im Keller mit Tonnengewölbe. Ich war ganz allein, da habe ich alle Advents- und Weihnachtslieder gesungen. Als ich dann rauf geholt wurde, war ich ganz getrost und ohne Furcht. Vor dem Gerichtssaal begrüßte mich der Rechtsanwalt mit: 'Seid klug wie die Schlangen und ohne Falsch wie die Tauben!' Die Gestapo erklärte: 'Der Mann ist uns damals leider entwischt, da haben wir wenigstens die Frau!'«

Auch zahlreiche Wahrenholzer waren zum Prozessbeginn angereist und saßen im Gerichtssaal. Ein Urteil konnte an dem Tag jedoch noch nicht gefällt werden, da die beiden Belastungszeugen, der stellvertretende NSDAP-Ortsgruppenleiter Kloke aus Wahrenholz und das Mädchen Hedwig, nicht gekommen waren.

Am 17. Dezember wurde die Verhandlung dann fortgesetzt. Und wieder fehlten die beiden Zeugen. Nach neun Stunden erging trotzdem das Urteil: Elf Monate Haft wegen Wehrkraftzersetzung und Heimtücke. Für Thea war dieses Urteil ein Glücksfall. So blieb sie vor dem Zugriff der Gestapo geschützt. Es heißt, viel später habe ihr der Richter erklärt, genau dies sei seine Intention für das Urteil gewesen. Eigentlich hätte er sie freisprechen müssen.

Thea bekam Anstaltskleidung und verschiedene Aufgaben zugeteilt: Zum Beispiel musste sie täglich die Büros der Beamten inspizieren, nachdem sie von Gefangenen gereinigt worden waren. Sie selber wischte die langen Metalltreppen im ganzen Haus. Da der zuständige Inspektor um ihre medizinische Ausbildung wusste, hatte sie auch die Kranken zu betreuen und Medikamente auszugeben. Dafür hatte man ihr sogar den Schlüssel zum »Giftschrank« überlassen. Bei Voralarm musste sie da sein, um die Verlegung der kranken Gefangenen in den Keller zu organisieren. Alle anderen blieben in ihren Zellen, trotz Luftalarms.

Anfang 1944 nahmen die Luftangriffe auf Braunschweig zu. Und endlich durften auch alle anderen Gefangenen bei Alarm in den Luftschutzkeller. Thea erarbeitete sich schnell das Vertrauen der Mitgefangenen; sie wurde für alle zur Vermittlerin zum »Chef«, aber auch umgekehrt. So konnten viele Spannungen umgangen werden. Was blieb, war die Sorge, dass die Gestapo sie eines Tages doch noch holen würde.

Während ihrer Gefängniszeit hatte Thea zweimal je einen Monat Hafturlaub, im Januar 1944, als ihr Mann aus Norwegen zum Heimaturlaub nach Hause kam, und im Juni, als sich der Gefängnisin-

Thea und ihre Kinder
Foto: Heimatverein Wahrenholz

spektor für sie einsetzte, weil er um die schwierige Situation ihrer Kinder in Wahrenholz wusste. Diese wurden in Abwesenheit beider Elternteile von Oma Werthmann betreut und versorgt. Auch Familie Wrede, zu der Thea ein besonders enges Verhältnis hatte, half, wo es nötig war.

So schön die Zeit zuhause im Pfarrhaus auch war für Thea, so schmerzlich waren jeweils die Abschiede. In ihren Erinnerungen schreibt sie: »Ich fuhr im verdunkelten Zug nach Braunschweig zurück und weinte: Da nahmen große Hände meine, und eine gute Stimme sagte: 'Nu weene nich, dat weerd allens weer good!' Das war Schaper Evers Karl aus Wahrenholz, an dessen Sterbelager ich bald darauf das letzte Vaterunser betete.«

Nach dem Hafturlaub im Juni wurde Thea als Aufseherin in der neu eingerichteten Munitionsherstellung eingesetzt. Diese war in der Gefängniskapelle eingerichtet worden. Während die anderen Frauen Maschinen zum Fräsen, Sägen und Bohren bedienen mussten, war Thea zur Schreibarbeit eingeteilt. Ihr Arbeitsplatz befand sich an einem Tisch mit Schreibmaschine, direkt vor dem verhüllten Altar.

Auch an das Attentat auf Hitler erinnert sich Thea. Sie schreibt: »Am 20. Juli 1944 waren wir Frauen auf dem Gefängnishof und puhlten Erbsen aus. Beamte und Aufseherinnen waren natürlich auch da, aber sie waren unruhiger als sonst und sehr aufgeregt. Da fragte ich ganz leise die Hauptwachmeisterin Fräulein Künder, was los sei. Sie antwortete: 'Attentat auf Hitler!' Ich: 'Ist er tot?' Darauf sie: 'Leider nein!'«

ENTLASSUNG UND HEIMKEHR NACH WAHRENHOLZ

Am 11. August 1944 wurde Thea auf Bewährung aus der Haft entlassen. Voller Sorge, doch noch von der Gestapo aufgegriffen zu werden, machte sie sich auf den Weg zum Braunschweiger Hauptbahnhof. Sie erinnert sich: »Auf dem Weg zum Bahnhof hatte ich nur Angst – eine Fahrkarte gelöst, in den Zug gestiegen – jeder Mensch konnte von der Gestapo sein. In Wahrenholz aussteigen, über die Höfe laufen, nach Hause!«

Die Wiedersehensfreude war zwar groß, doch die Furcht vor der Gestapo blieb. Wie begründet sie war, sollte Thea schon bald erfahren. Am ersten Sonntag in Freiheit hatte sie mit den Kindern im Gottesdienst gesungen. Was dann passierte, schildert sie in ihren Lebenserinnerungen: »[…] und schon kam ein Anruf von der Gestapo: Sofortige Verhaftung, wenn das nochmal geschähe. So kam zu der Angst vor der Hausglocke noch die vor dem Telefon, es war noch alles im Krieg, Herbst 1944.«

EINQUARTIERUNGEN UND KRIEGSENDE

Im letzten Kriegswinter wurden Soldaten aus der Wesendorfer Kaserne in den umliegenden Dörfern einquartiert, einer von ihnen, Walter Veit, im Wahrenholzer Pfarrhaus. Thea sorgte dafür, dass seine Frau und die zwei Söhne auch zu ihr kommen konnten. Anfang 1945 nahm sie auch noch Freunde aus Schlesien auf, das Ehepaar Kleiner.

Je näher das Kriegsende rückte, umso mehr Menschen kamen ins Pfarrhaus, teils, um zu essen und sich auszuruhen, teils auch um zu bleiben. Thea schaffte es, Nahrungsmittel für alle zu organisieren und diese Zweckgemeinschaft zu leiten. Die anderen Frauen waren für die Kinder und die Küche zuständig; Thea kümmerte sich um die Kirchenangelegenheiten.

Ihrem Mann, der erst im Herbst 1945 nach Wahrenholz zurückkehrte, schrieb Thea Werthmann im April 1945 einen langen und ausführlichen Erlebnisbericht über das Kriegsende in Wahrenholz.

Sie erwähnte den Tiefflieger am späten Abend des Karfreitages, der zwei Bomben auf die Höfe der Familien Berlinecke und Kahle fallen ließ. Dabei kamen zwei polnische Zwangsarbeiter ums Leben; eine junge Frau wurde durch einen Splitter am Auge verletzt und verlor es dadurch später. Thea beschreibt auch den großen Schrecken im Dorf, als am 2. April 1945, dem zweiten Ostertag, Schönewörde in Flammen stand. Zwei Tage später war Wesendorf das Ziel eines Fliegerangriffs. Sogar in Wahrenholz wackelten die Häuser.
Die Menschen wurden zunehmend unruhig und unsicher und vergruben Koffer und Kisten, Lebensmittel und Wertsachen.

Thea Werthmann beschreibt auch das Durchziehen von deutschen Soldaten und ausgehungerten Kriegsgefangenen durchs Dorf. Schnell wurden alle Parteischilder von Häusern entfernt und alle Parteipapiere verbrannt. Als Panzersperren im Dorf errichtet wurden, wussten alle, dass das Wahnsinn war. Aber nur einige wenige Mutige rissen nachts die Sperren wieder ein. Auch konnten sie verhindern, dass die Brücke an der Wassermühle gesprengt wurde.

Als am 11. April amerikanische Panzer aus Wesendorf kommend auf Wahrenholz vorrückten, ging Thea Werthmann mit allen Bewohnern des Pfarrhauses zum Bauern Ludolphs in den Keller. Sie konnten das Maschinengewehrfeuer hören, denn die Amerikaner wurden noch von den letzten verbliebenen deutschen Soldaten beschossen. Erst am nächsten Morgen zog Thea mit ihrer Gruppe wieder zurück ins Pfarrhaus. Sie berichtet ihrem Mann von mehreren amerikanischen Soldaten, die sie noch am selben Tag aufsuchten, um sie zu überprüfen. Aber im Pfarrhaus wurde nichts entwendet oder beschädigt. In anderen Wohnhäusern im Ort sei das anders gewesen. Auch hätten die befreiten polnischen Zwangsarbeiter einige Einwohner bedroht und geschlagen; sie hätten gestohlen und wären von den Amerikanern auch noch als Polizei eingesetzt worden. Aber insgesamt seien alle froh gewesen, dass die Luftangriffe vorbei waren.

Am Sonnabend nach Kriegsende ging Thea zum englischen Major und fragte um die Erlaubnis, den Sonntag einzuläuten. Er erlaubte es, und so erklangen die Glocken zum ersten Mal seit langer Zeit wieder. Ihre Erinnerungen an diesen Tag blieben sehr lebendig: »Viele weinten, teils vor Freude, teils vor Trauer um die Gefallenen.« Der Gottesdienst wurde von Pastor Dudzus gehalten, einem Soldaten, der bei Kriegsende in Betzhorn geblieben war. Gesungen wurde das Lied »Wenn wir in höchsten Nöten sein«. Das kam allen von Herzen, wie Thea ihrem Mann schrieb.

Bei aller Freude über das Ende des Krieges empfanden viele Einwohner aber auch Wehmut über das Ende einer Ära und Sorge und Unsicherheit über das, was kommen sollte. Oberförster Kloke und Lehrer Kothe hatten Auszeichnungen für Theas Verhaftung bekommen, und sie erinnert sich, dass viele Menschen nicht glauben wollten, was ihr nach der Verhaftung widerfahren war.

NORMALITÄT ZIEHT EIN

Im Herbst 1945 kehrte Theas Mann Wilhelm nach kurzer Kriegsgefangenschaft nach Hause zurück und nahm seine Amtsgeschäfte als Pastor wieder auf. Für Thea war dies ein wichtiger Schritt zurück zur Normalität. Sie schreibt dazu: »Dann fing das normale Leben wieder an mit Denken, Planen und Danken, Sparen, Spinnen, Weben, Stricken und Flicken.«

Im folgenden Jahr zogen ihre Eltern bei ihnen ein. Theas Mutter litt unter Rheuma und brauchte Pflege. Ihr Vater, der ehemalige Wahrenholzer Pastor Wahlers, unterstützte seinen Schwiegersohn ein wenig. Er machte noch Hausbesuche in Wahrenholz, hielt einmal im Monat die Predigt im Gottesdienst und gründete den Kindergottesdienst. Dort engagierte sich auch Thea von Beginn an; später übernahm sie ihn ganz. Sie genoss es, ihre Eltern in deren letzter Lebensphase begleiten zu können.

Pastoren Werthmann und Wahlers
Foto: Heimatverein Wahrenholz

Im Wahrenholzer Pfarrhaus gab es stets ein bis zwei »Mädchen« als Haushaltshilfen. Es war auch immer etwas los: Ab 1953 wurden mehrere Vikare beherbergt, je für ein Jahr oder auch nur für vier Monate. Daneben gab es viel Besuch, entweder aus der Familie oder Redner verschiedener Fachgebiete, auch ausländische Missionare und manchmal Familien, die für länger blieben. Thea genoss es, ihnen allen eine Unterkunft zu bieten und ließ sie alle in ihr Gästebuch schreiben.

JUGENDARBEIT

Zu alledem kam für Thea die Gemeindearbeit. Im Herbst 1945 trafen sich die konfirmierten Mädchen aus der Gemeinde zum ersten Mal mit »Frau Pastor«, wie Thea Werthmann respektvoll genannt wurde, in der sogenannten Kellerstube des Pfarrhauses. Sie trugen zu der Zeit noch Schürze, Holzpantinen und Haardutt. Die Mädchen kamen jahrgangsweise, sonst wäre es in der Kellerstube zu eng geworden. So waren schnell mindestens drei Abende in der Woche besetzt. In der Regel dauerten die Treffen bis 22 Uhr. Anschließend bereitete sich Thea noch auf den nächsten Abend vor. Die konfirmierten Mädchen kamen später regelmäßig jeden Dienstag zusammen. Sie bildeten die sogenannte Jungmädchengruppe. Zu ihrer Ausstattung gehörten Schürze, Strickzeug und Bibel. Bei jedem

Treffen wurden Abschnitte aus der Bibel gelesen und besprochen. Thea stellte dazu Fragen: »Wie ist das gemeint?« »Wie denkst du darüber?« Außerdem wurde viel gesungen. Lieder wie »In dir ist Freude«, »Wohl denen, die da wandeln« und »Ich singe dir mit Herz und Mund« gehörten zum mehrstimmigen Repertoire. Thea soll eine gute Chorleiterin und Dirigentin gewesen sein.

Auch auswärtige Referenten kamen in die Kellerstube. Sexualaufklärung gehörte mit in den Themenkatalog wie später auch das Thema Kindererziehung, als aus den Jungmädchen der Mütterkreis geworden war.

Tagestouren und längere Fahrten gehörten schon damals zum Programm der evangelischen Jugend. Und so machte sich auch Thea mit ihren Mädchengruppen auf Reisen, zunächst mit Rucksack per Bahn, später dann mit einem VW-Bus. Da sie untereinander oft plattdeutsch sprachen, führte das manchmal auch zu amüsanten Begebenheiten. Thea erinnert sich, wie ein kleines Kind einmal staunend zu seiner Mutter sagte: »Guck mal, Mama, lauter Engländer!« Und als sie mit ihren Mädchen auf dem Steinhuder Meer Boot fahren wollte, sagte eine von ihnen: »Doar stiech ick nich in, dat kann Pastors Mudder nich ersetten, wenn wi absupen dood!«

Jugendfreizeit mit VW-Bus
Foto: Heimatverein Wahrenholz

Thea hatte ihre Fahrten immer gut vorbereitet, egal, ob es für zwei Wochen zum Zelten nach Lindau am Bodensee ging oder nach Braunlage in die Jugendherberge, wo auf dem Dachboden übernachtet wurde. Die Kinder bekamen viel zu sehen. Doch in ihrer durch und durch sparsamen Art nahm Thea manchmal nicht genug Verpflegung für die Gruppe mit.

Thea Werthmann war eine starke, ja dominante Persönlichkeit. Für die damalige Zeit war sie sehr emanzipiert: Sie rauchte, hatte einen Führerschein, trug Hosen und bei schlechtem Wetter immer einen alten Kleppermantel. Oft erteilte sie Gemeindemitgliedern gutgemeinte Ratschläge, vor allem jungen Müttern. Nicht selten ging Thea barsch mit ihren Mitmenschen um: »Hol dien Muhl«, sagte sie zu manch einem, oder: »Ich verlange von euch …« zu den ihr anvertrauten Mädchen. Als eine aus dem Kreis heiratete, bestimmte Thea, wie der Polterabend gestaltet wurde und wer welches

Thea im Schnee, 1966. Im Hintergrund Kirche und Pfarrhaus.
Foto: Heimatverein Wahrenholz

Geschenk machte. Thea machte auch nie einen Hehl aus ihren hohen moralischen Standards. Gleichzeitig war sie aber auch fürsorglich und eine Seelsorgerin, der man immer sein Leid klagen konnte.

MÜTTERKREIS

Nachdem alle Mädchen verheiratet waren, überführte Thea ihre Gruppen 1958 in den sogenannten Mütterkreis. Auch dort wurde wieder gesungen, gebastelt, in der Bibel gelesen, über aktuelle Themen diskutiert und Ausflüge unternommen. Mutter, Motor und Mittelpunkt des Ganzen war weiterhin »Frau Pastor«, die von den Kindern später »Tante Thea« genannt wurde. Das Thema Kindererziehung lag ihr sehr am Herzen, und so organisierte sie einmal sogar den Besuch der bekannten Kinderpsychotherapeutin Christa Meves aus Uelzen im Wahrenholzer Mütterkreis.

Gruppenausflug des Mütterkreises
mit Ehemännern in die Heide
Foto: Heimatverein Wahrenholz

Auch mit ihrem Mütterkreis, zu dem übrigens ebenso einige Großmütter gehörten, war sie manchmal auf Reisen. Zwischen Harz und Nordsee wurde so manches Ziel angesteuert.

Im Jahr 1962 fuhr Thea mit dem Mütterkreis samt Ehemännern das erste Mal nach Berlin. Dort sahen sie auch die gerade erst erbaute Mauer. Sie erinnert sich an diesen Moment, der nicht nur bei ihr einen starken Eindruck hinterließ: »Wir standen an der Bernauer Straße auf Steinblöcken, und Tränen liefen über die Gesichter, auch die der Männer – welch eine Zeit, besonders, verglichen mit dem, was dazwischen alles geschehen ist!«

Aus dem Jungmädchen- und später dem Mütterkreis rekrutierten sich übrigens auch die Kindergottesdienst-Helfer. Eingeführt hatte ihn ja der alte Pastor Wahlers nach dem Kriege, und Thea übernahm nach seinem Tode auch die Leitung des Kindergottesdienstes. In Wahrenholz kamen jeden Sonntag um 13 Uhr bis zu 120 Kinder in der Kirche zusammen. In Westerholz fand er immer Sonntagmorgen um 9 Uhr statt. Thea Werthmann fuhr immer mit dem Fahrrad dorthin, bei Wind und Wetter.

Kindergottesdienst-Helferinnen
und -Helfer vor der Kirche, 1955
Foto: Heimatverein Wahrenholz

ERFÜLLTE JAHRE

Wahrenholz bedeutete für Thea eine erfüllte Zeit, wie sie sich später erinnert: »Es gab gute Gespräche über Religion und Lebensfragen, natürlich auch Freude und Beschäftigung, Basteln und Backen. Es wurden Talente zum Feiern und Theaterspielen entdeckt. Wir haben gelacht, gesungen, Bowle getrunken und Freude dabei gehabt – einfach so! Und wenn eine Not hatte, dann wusste sie immer, es war Hilfe da. Antenne und Sender! Dazu war immer die Kellerstube der Ort, an dem jede abladen durfte, konnte, und es auch tat. Durch all dieses Gemeinsame sind wir heute noch miteinander verbunden, und das ist gut so.«

Familie Werthmann, 1961
Foto: Heimatverein Wahrenholz

Die einzige Urlaubsreise, die Thea und ihr Mann machten, ging 1955 nach Norwegen, auf eine kleine Insel zwischen Bergen und Trondheim. Dort war Wilhelm Werthmann während des Zweiten Weltkriegs als Soldat stationiert gewesen. Da er aber starkes Heimweh bekam, reisten die beiden schon nach elf statt erst nach 14 Tagen wieder zurück nach Hause.

Ein wichtiges Ereignis in der Zeit zwischen 1960 und 1970 war für Familie Werthmann der Besuch eines Herrn vom Landeskirchenamt, der die sanitären Anlagen im Pfarrhaus inspizieren sollte. Pastor Werthmann hatte seit seinem Dienstantritt im Jahre 1936 nie etwas am Haus verändern oder erneuern lassen. Thea erinnert sich an den Besuch: »[…] und so bekam der feine Herr unsere Toilette zu sehen: am Ende der Scheune letzte Tür links war das Plumpsklo mit einem kleinen Fenster zu Niebuhrs hin, und darin, da es Sommer war, Maden. Entsprechend das wöchentliche Badezeremoniell: Metallwanne vom Boden holen, Wasser pumpen, auf dem Herd kochen, Küchenfenster verhängen, dann konnte es losgehen – jede Woche! Das Entsetzen unseres Besuchers erinnere ich noch heute – später wurde auf der Scheune ein richtiges Badezimmer mit Ölofen gebaut.«

Thea in Norwegen, 1955
Foto: Heimatverein Wahrenholz

UMZUG NACH TRIANGEL

Als Pastor Werthmann 1970 in den Ruhestand ging, zog Thea mit ihrem Ehemann nach Triangel, wo sie im dortigen Gutshof eine Mietwohnung bezogen.

Schnell merkte sie, dass die Veränderung ihrem Mann nicht guttat. Er hatte zwar ein großes Arbeitszimmer, hatte alle seine Sachen, aber es fehlte die dörfliche Umgebung von Wahrenholz. In ihren Erinnerungen schreibt sie: Es fehlte ihm »der Mut umzuschalten. Wir

Das Pfarrhaus in Wahrenholz (Rückansicht), 1960er Jahre
Foto: Heimatverein Wahrenholz

Wohnhaus in Triangel, 2023.
Foto: Heimatverein Wahrenholz

bekamen oft Besuch […], auch hatten wir Platz zum Draußensein, doch war all das eben nicht Wahrenholz, und das war sicher der Grund für sein Altwerden in so kurzer Zeit. Dazu kam noch das Abnehmen der Sehfähigkeit […].«

In der ersten Zeit in Triangel erfüllte sich Thea noch zwei Reisewünsche: 1971 flog sie in Begleitung einer jungen Wahrenholzer Kinderkirchenhelferin nach Moskau, und im Jahr darauf fuhr sie als einziger Fahrgast auf einem Frachter von Holland über Norwegen nach Genua. Noch lange zehrte sie von diesen Erinnerungen.

Thea blieb aber auch ihrer alten Gemeinde verbunden und betreute noch von Triangel aus den Wahrenholzer Mütterkreis und den Kindergottesdienst in Westerholz. In der Regel kam sie dafür mit dem Fahrrad aus Triangel. Manchmal wurde sie aber auch von hilfsbereiten Wahrenholzern abgeholt.

Nach einigen Jahren zog sich Thea allerdings mehr und mehr zurück und übergab die Betreuung von Mütterkreis und Westerholzer Kinderkirche in jüngere Hände.

SCHWERE JAHRE FÜR DIE FAMILIE

Theas Tochter Tine war mit dem Antiquitätenhändler Siegmund Pech verheiratet. Die beiden hatten drei Kinder (Matthias, Martin und Steffi) und wohnten ebenfalls auf dem Gutshof in Triangel, fast gegenüber ihren Eltern. Doch im Sommer 1975 erlitt Siegmund einen Schlaganfall mit rechtsseitiger Lähmung. Ein Jahr später wurde Tine bei einem Autounfall sehr schwer verletzt und starb kurz darauf.

Theas Schwiegersohn Siegmund war durch seinen Schlaganfall zu stark eingeschränkt, um sich um seine Kinder kümmern zu können. Und so stellte Thea wieder einmal ihre starke Persönlichkeit aber auch ihre preußische Disziplin unter Beweis: Sie übernahm die Pflege und Erziehung ihrer drei Enkelkinder, damals neun, elf und zwölf Jahre alt. Als ihr eigener Ehemann kurze Zeit später zum Pflegefall wurde, musste sie ihn aber in einem Heim in Wolfsburg-Klieversberg unterbringen. Dort starb Pastor Werthmann dann im Mai 1977.

GIFHORN UND SORGE FÜR DIE ENKELKINDER

1978 zog Thea mit ihren drei Enkelkindern in die Kreisstadt Gifhorn um. Da sie dort nur noch eine Mietwohnung mit Balkon hatten, pachtete sie sich schon bald einen Schrebergarten. Sie brauchte den Bezug zur Erde, baute Obst und Gemüse an und hatte auch einige Blumenbeete.

Thea und Enkelin Steffi, 1969.
Foto: Heimatverein Wahrenholz

Mit Mitte/Ende 70 kümmerte sich Thea weiterhin um ihre Enkelkinder: Schule, Musikunterricht, Freunde, Ausbildung. Für sie war diese außergewöhnliche Situation nicht immer leicht, doch in dieser Zeit war ihr Pastorin Christel Eckhardt von der Paulus-Kirchengemeinde eine wichtige Stütze.

Lange Jahre redete Thea kaum über das, was sie während der NS-Zeit erlebt hatte, insbesondere ihre Denunzierung, die Verhaftung, die Gestapo-Verhöre und die Gefängniszeit. Doch im Alter entschied sie sich dann doch, ihre Erlebnisse mit jungen Leuten zu teilen: Sie ging mehrfach in Gifhorner Schulen, berichtete den Schülern über diese schweren Jahre und stellte sich den Fragen der Jugend.

Thea blieb noch bis ins hohe Alter selbstständig und aktiv. Mit Mitte 80 suchte sie nach einer neuen Herausforderung und belegte einen Volkshochschulkurs, um das Klöppeln zu lernen. »Geht nicht, gibt's nicht« war ihre Devise.

Auch, wenn sie mit ihrer klaren und deutlich ausgesprochenen Meinung nicht immer auf Gegenliebe stieß, so haben viele Menschen ihre Stärke und ihren Willen auch als Mut machend empfunden. Noch mit 90 Jahren fuhr Thea Fahrrad und erledigte all ihre Besorgungen und Termine alleine. In ihren letzten Lebensjahren erhielt sie dann aber doch gelegentlich Unterstützung von ihrer (Stief-)Tochter Hinda, z.B. für Fahrten zum Arzt.

In ihren Lebenserinnerungen, die Thea im Alter von 89 Jahren verfasste, blickt sie dankbar zurück: »Jeder einzelne muss lernen, je nach Aufgabe in dieser schwierigen Zeit zurechtzukommen, das ist sehr unterschiedlich. Wir sollten sehen, was noch gut ist und dafür dankbar sein. Für mich ist gut, Gemeindearbeit und Besuchsdienst in der St. Nicolai-Gemeinde zu haben, außerdem die Arbeit auf dem

Thea Werthmann, um 1990
Foto: Heimatverein Wahrenholz

Friedhof, die vielen Freunde und ein Telefon, dazu ein Fleckchen Erde: 100 x 50 cm, mit Blumen vorm Haus.«

Thea Werthmann konnte ihre Selbständigkeit noch lange aufrechterhalten. Ihre letzten Lebensmonate verbrachte sie dann doch im Christinenstift in Gifhorn. Am 9. November 1998 starb sie im Gifhorner Krankenhaus im Alter von 94 Jahren. Sie wurde im Familiengrab auf dem Wahrenholzer Friedhof beigesetzt. Dieses Grab verdient zu Recht die Bezeichnung Familiengrab, denn dort liegt Thea nicht nur neben ihrem Ehemann, sondern auch bei ihrer Tochter Tine, ihrem Bruder Wilhelm und ihren Eltern Johannes und Bertha Wahlers. Später wurden dort auch noch ihre (Stief-)Kinder Hinda und Karl beigesetzt.

Christlicher Glaube aber auch preußische Disziplin waren zwei ganz elementare Bestandteile in Theas Leben. Und so verwundert es nicht, dass sie sich das kurze Gedicht eines Unbekannten als Wahlspruch aussuchte:

Das will ich mir schreiben in Herz und Sinn:
Daß ich nicht für mich hier auf Erden bin,
Daß ich die Liebe, von der ich lebe,
Liebend an andere weitergebe.

Viele Wahrenholzer haben noch sehr lebendige Erinnerungen an diese besondere Frau, deren 25. Todestag im November 2023 war und die vor nunmehr 120 Jahren an der Elbe geboren wurde, »… am Wasser, am Meer, da, wo der Wind zum Sturm wird, wo er die großen Wolken über den Himmel jagt, wo das Meer in hohen Wellen rauscht, wo Möwen schreien und wo die Sonne ganz richtig ist. Da, wo alles stark und ohne Ende ist.« ■

Nur im Spätsommer mehr Fehltage

Schüler der Klasse 3 in Knesebeck haben im Schuljahr 1907/08 kaum Unterricht versäumt.

WOLFGANG SCHRÖTER

Interessanter Dachbodenfund: Klassenbuch aus Knesebeck.

Foto: Inka Lykka Korth

A ls Rentner kann man sich auch damit beschäftigen, für die Nachwelt aufzuräumen. Sodann stieg ich eines Tages wieder einmal auf den Dachboden. Dort entdeckte ich einen Karton mit Hinterlassenschaften meines Vaters, der Küster und Friedhofswärter in Knesebeck war und für die Familie eine Dienstwohnung zur Verfügung gestellt bekommen hatte. Beim Abriss und Umbau der alten Gebäude in den 1970er Jahren landeten viele Gegenstände auf dem Schutthaufen. Eine großformatige Kladde hat mein Vater jedoch aus mir nicht bekannten Gründen aufbewahrt, und diese fiel mir nun, den Inhalt des Kartons auf dem Dachboden sichtend, in die Hände. Auf dem Etikett des mit einer Art Holzmaserung bedruckten Deckels las ich:

Versäumnis-Liste für die Schule zu Knesebeck Kl. III

Parochie Knesebeck

Inspektion Wittingen II

Interessant! Das Buch musste ich mir genauer anschauen. Offensichtlich handelte es sich um ein altes Klassenbuch für das Schuljahr 1907/08.

Das seltsame Wort »Parochie« war mir in meiner Volksschulzeit von 1959 bis 1968 nicht vorgekommen. Ich musste es im Duden nachschlagen (ja, ich habe noch einen Duden als Buch): »Parochie – Pfarrei, Amtsbezirk eines Geistlichen« las ich.

Somit gab es damals offensichtlich noch eine enge Verbundenheit zwischen Schule und Kirche.

Jetzt interessierten mich die Eintragungen.

Im Schuljahr 1907/08 befanden sich 36 Knaben und 35 Mädchen in der Klasse III.

Abwesenheiten wurden mit Zeichen eingetragen, zum Beispiel mit »X« wegen Krankheit.

Allerdings gibt es im Verlauf des Schuljahres nur wenige Eintragungen. Lediglich die Monate August und September stechen hervor.

Im Zeitraum vom 25. August bis 7. September 1907 fehlten die Knaben Otto, Walter, Ernst, Heinrich, Otto (II), Hermann, Hermann (II), Richard, Wilhelm, Ernst (II), Heinrich (II) und Willi jeweils zwischen sechs und 14 Tagen, vom Lehrer gekennzeichnet mit »X« wegen Krankheit.

Herrschte eine Grippewelle? Oder mussten die Knaben im Einvernehmen mit dem Lehrer und der Kirche bei der Ernte helfen? ∎

Anfang des vergangenen Jahrhunderts waren die Dorfschulklassen noch mehr als doppelt so groß wie heutzutage. Im Schuljahr 1907/08 bestand die Klasse 3 in Knesebeck aus 71 Kindern. Krankheitstage sind in der Versäumnis-Liste (Bild unten) mit einem »X« markiert. *Fotos: Inka Lykka Korth*

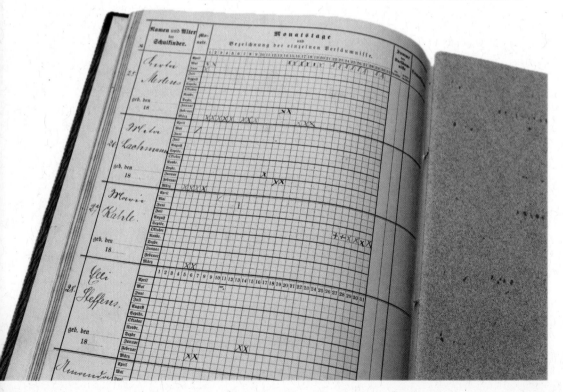

Traumatisiert von der Flucht aus Masuren

Erinnerungen eines Sohnes an seine Mutter, die 1947 mit ihrer Familie in Oerrel eine neue Heimat fand.

KARL-HEINZ ROSANOWSKI

Im Jahr 2025 wäre meine Mutter, Ilse Charlotte Rosanowski, geb. Herrmann, 110 Jahre alt geworden. Wenn ich mir das nebenstehende Foto anschaue, sehe ich eine schöne, selbstbewusste intelligente, vielleicht sogar eine rebellische Frau. Die Erinnerung zeigt jedoch etwas Anderes. Sie beruht sicher auf den traumatischen Erlebnissen während unserer 44-tägigen Flucht aus Ostpreußen *(s. Kreiskalender 2020, S. 151 ff)*. Hier soll versucht werden zu ergründen, wer oder was zu diesen Veränderungen beigetragen haben könnte.

Mutter war eine gute Schülerin, obwohl oder auch vielleicht weil sie noch vor Schulbeginn jeden Morgen die Kühe zur Weide bringen musste. Das machte sie barfuß, aber manchmal hatte sie Angst, wenn im Morgennebel vermeintlich Gestalten auftauchten, die sich dann aus der Nähe als Büsche entpuppten. Als wir ab 1947 in Oerrel wohnten, also inmitten der Oerreler Heide und des Oerreler Moores, erinnerte sich ihr ehemaliger Lehrer der Landwirtschaftlichen Schule in der Kreisstadt Johannisburg, Zeuschner, der damals in Wittingen lebte, noch an sie.

Ilse Charlotte Herrmann
Bild: Familienarchiv Karl-Heinz Rosanowski

Uns Kindern erzählte sie oft, was sie in ihrer Kindheit am meisten enttäuscht hatte. Sie habe sich zu Weihnachten eine neue Puppe gewünscht. Auf dem Gabentisch habe dann aber wieder eine gebrauchte von ihren älteren Schwestern gelegen, die lediglich etwas aufgehübscht worden war. Vielleicht hat sie deshalb relativ früh mit 20 Jahren meinen Vater Heinrich geheiratet, der 13 Jahre älter war. Denn zweieinhalb Jahre später konnte sie ihre »Puppe«, in Gestalt ihres Erstgeborenen, nämlich mich, liebevoll versorgen. Oft las sie mir aus Grimms Märchen vor. Wenn sie bei Wiederholungen etwas abkürzen wollte, soll ich heftig protestiert haben. Als dann nach weiteren zweieinhalb Jahren mein pfiffiger Bruder Dieter auf der

Die Familie gegen Ende des Zweiten Weltkriegs im Garten ihres Hauses in Seegutten im damaligen Ostpreußen.

Bild: Privatarchiv Karl-Heinz Rosanowski

Der Autor auf dem Arm seiner Mutter um 1939.

Bild: Privatarchiv Karl-Heinz Rosanowski

Bildfläche erschien, war es mit dieser Idylle vorbei. Das Dilemma: Ich war der Lieblingsenkel unserer Großmutter Auguste, mit der unter einem Dach wohnten. Dort, im Dachgeschoss seines Elternhauses, hatte Vater uns eine Wohnung ausgebaut.

1939 – ich war gerade zwei Jahre alt – musste er als Pionier in den Krieg nach Russland. Während des Rückzugs wurde seine Division eingekesselt. Meine Mutter war über ein Jahr ohne Nachricht von ihrem Mann. Unglaublich für die junge Generation, die nahezu überall per Handy erreichbar ist. Ich erinnere, wie sie nachts von Albträumen aufgeschreckt wurde und danach oft »senkrecht im Bett stand«. Trotzdem hatte sie bei ihrer Schwiegermutter einen schweren Stand, der sie ja den Sohn »genommen« hatte. Als Dieter sich an Mutters Waschtag eine Schüssel kochenden Wassers heruntergezogen und lebensgefährlich verbrannt hatte, sah sie sich noch den Vorwürfen der Schwiegermutter ausgesetzt.

Wenn Mutter es nicht mehr ertragen konnte, floh sie zu ihren Eltern, die am anderen Ende des langen Straßendorfes lebten. Dort half sie bei der Feldarbeit. Auch in Oerrel ging es ihr mental immer am besten, wenn sie bei den Bauern aushalf. Sie hatte ebenso wie ich an den Auswirkungen der Flucht aus Masuren zu leiden. Heute würde man sagen, wir waren traumatisiert. Ärztliche Hilfe gab es seinerzeit nicht. Trotzdem ist sie mit mir nach Uelzen zu einem Neurologen gefahren. Der fand es lediglich gut, dass ich mich oft in der Natur aufhielt und dort fotografierte. (Meine Traumata waren jedoch erst 2012 nach einem Herzinfarkt mit Reanimation endgültig überwunden.)

Mutter war eine gute, sehr sparsame Hausfrau. Morgens gab es immer Milchsuppe mit »Sazirrschki« (masurisch Mehlklößchen), an Sonn- und Feiertagen schon mal »Spirrgel«. Das ist in der Pfanne gebratener Speck. Ihre Rezepte von Sauerampfersuppe (leider verloren gegangen), Waffeln (mache ich für überraschenden Besuch) und Krapfen (Berliner) sind legendär.

In Oerrel fühlte sich Mutter als Nur-Hausfrau etwas unterfordert. Mein Vater war mit dem Aufbau seiner Zimmerei *(s. 1885-Jahrbuch 2022, S 95ff)* ausgelastet. Mutter, die sehr gut singen konnte, war zwar im Gemischten Chor, las ihren Erich Kästner und wählte stets eine andere Partei als ihr Mann. Das war es dann aber auch schon mit der Emanzipation! Sie hatte nicht die Kraft, per Rad die fünf Kilometer nach Hankensbüttel zu ihrer Verwandtschaft oder gar ins 15 Kilometer entfernte Wittingen zu fahren. Wenn Vater sich dort etwas für die Firma zu besorgen hatte und Mutter im VW mitnahm, ging es sofort wieder zurück, wenn seine Einkäufe erledigt waren.

Für Mutter war es auch nicht einfach, dass Vaters Mutter Auguste und Mutters Vater Gustav mit uns unter einem Dach wohnten. Die Oma bekochte sich jedoch selbst und lebte zurückgezogen in ihrem Zimmer. Sie las täglich in der Bibel, erzählte mir viel aus ihrer Jugend und steckte mir manchen Hunderter zu, wenn ich vom Studium in Hildesheim bei ihr war. Der Opa hatte so seine Marotten, die auch manchmal nerven konnten *(s. 1885-Jahrbuch 2021, S. 57 ff)*.

Ich wurde von Mutter zum Abtrocknen und Kuchenrühren (Mixer gab es noch nicht) herangezogen. Dieter als der Jüngere nie. Ich erinnere auch nicht, dass er jemals zum Blaubeerpflücken, Sammeln von Bucheckern oder Lindenblütenpflücken mitgenommen wurde. Ich erinnere mich aber an das beste Gespräch mit meiner Mutter beim Brombeerpflücken im Oerreler Moor, als sie mir ausführlich von ihrer Jugend berichtete.

Die Chemie mit ihrer Schwiegertochter stimmte leider auch nicht. Gleichwohl war Mutter nahezu harmoniesüchtig. Ihre Devise war, niemals im Streit schlafen zu gehen. Aus der Nachfolgegeneration stammend und anders erzogen, trennte sich die Frau meines Bruders schnell von Dingen, die unsere sehr sparsame Mutter dann noch aus dem Müll klaubte und wieder verwandte. Wir Hildesheimer waren oft, vielleicht sogar zu oft, in Oerrel, wenn meine Frau Wochenenddienst im Krankenhaus hatte. Ich werkelte derweil an meinem Grundstück im Oerreler Moor oder machte Sommervogel-Bestandsaufnahmen. Unsere beiden Kinder waren immer sehr gern in Oerrel. Heinke verstand sich mit ihrer Oma sehr gut und begleitete diese stets beim morgendlichen Zeitungsaustragen. Außerdem konnte sie auf der von Vater gebauten goßen Schaukel exzessiv schaukeln oder mit dem Hund spielen.

Dieses Bild seiner Ehefrau hatte Heinrich Rosanowski als Soldat in Russland dabei.
Bild: Privatarchiv Karl-Heinz Rosanowski

Ilse Rosanowski am Spirdingsee, der wegen seiner Größe auch als »Masurisches Meer« bezeichnet wurde.
Bild: Privatarchiv Karl-Heinz Rosanowski

Ilse Rosanowski bei Handarbeiten (Bild oben) und beim Lesen mit Ehemann Heinrich (Bild unten rechts) um 1960 im Wohnzimmer ihres Hauses in Oerrel.

Bilder: Privatarchiv Karl-Heinz Rosanowski

Mutter legte sich eine Strickmaschine zu, mit der sie unsere Kinder bestrickte. Meistens mit sehr guten Ergebnissen, manchmal (je nach ihrem Befinden) aber auch mit weniger guten. Sie litt unter sehr hohen Bluthochdruck. Ihre Medikamente nahm sie jedoch nur, wenn sie es für nötig hielt, denn sie glaubte nur das, was sie mit eigenen Augen sehen konnte. Dieses Verhalten mündete 1985 in einen Schlaganfall. Lange lag sie im Celler Krankenhaus im Koma. Als sie austherapiert war, gelang es uns, einen Platz im »Lindenbrunn« in Coppenbrügge zu finden. Vater nahm sich mit 84 Jahren in der Nähe ein Zimmer und besuchte sie täglich. Für Mutter, die nicht ansprechbar war, leider viel zu spät. Wenn er eine Pause brauchte und in Oerrel war, besuchte ich Mutter nach Feierabend von meinem nahen Arbeitsplatz in Lauenstein am Ith aus.

Am 15. November 1985 begingen wir am Krankenbett im »Lindenbrunn« in Anwesenheit des Pfarrers Lücke aus Hankensbüttel die Goldene Hochzeit unserer Eltern. Am 6. September 1986 – mein Vater war gerade in Oerrel – rief mich Jens bei der Arbeit an. Er hatte Nachricht vom »Lindenbrunn«, dass es Mutter schlecht ginge. Obwohl ich gerade einen Abgabetermin hatte, wurde ich so unruhig, dass ich meinen Chef bat, mir frei zu geben. In ihrem Zimmer angekommen, sagte ich: »Karl-Heinz ist da!« Unmittelbar danach starb sie. Sie hatte so lange gewartet. Plötzlich stand auch Jens in der Tür. Er war mit Opas Auto aus Hildesheim gekommen. ∎

Sammelsurium mit Service-Charakter

Vor 100 Jahren, im Dezember 1925, erschien der erste »Isenhagener Kreiskalender«. Die Schriftenreihe beschränkte sich nicht auf Heimatkundliches, sondern versorgte die Landbevölkerung auch mit Tipps und Terminhinweisen.

INKA LYKKA KORTH

Einen »immerwährenden Trächtigkeits- und Brüte-Kalender« enthielt er ebenso wie die »10 Gebote für den Jäger«, außerdem die Fahrpläne der Kleinbahnen Celle–Wittingen und Wittingen–Oebisfelde sowie einen Aufsatz mit dem sperrigen Titel »Die Futtergrundlage (Wiesen und Weiden) für unser Rindvieh und ihre Pflege und Düngung«. Der »Isenhagener Kreiskalender« war thematisch ein buntes Sammelsurium, aber zweifellos ein Buch mit hohem Gebrauchswert für die Bevölkerung des bäuerlich geprägten Kreises Isenhagen. Die erste Ausgabe erschien vor 100 Jahren, im Dezember 1925 – mit zwölfseitigem Kalendarium für 2026, den Terminen der wichtigsten Messen und Märkte in Deutschland und einem ausführlichem Anhang, der sowohl die »Ergebnisse der Viehzählungen im Kreise Isenhagen seit dem Jahre 1873« als auch Wahlergebnisse und die statistische Auswertung sämtlicher Volkszählungen seit 1820 enthält. Zum Service-Charakter, den der »Isenhagener Kreiskalender« damals hatte, passten auch die beiden Beiträge, in denen die Fragen »Wie werde ich gesund?« und »Zu welchem Arzt gehe ich?« behandelt werden.

Die Titelseite der ersten Ausgabe des »Isenhagener Kreiskalenders« wurde vom Künstler Emil-Werner Baule gestaltet. *Foto: Inka Lykka Korth*

Gleichwohl enthielt auch die die erste Ausgabe des Kreiskalenders bereits heimatkundliche Betrachtungen und Beiträge aus der Geschichte. Der Kreis Isenhagen orientierte sich bei der Konzeption offensichtlich an den »Heimatkalendern«, die sich im »Fahrwasser« der um 1900 erstarkenden Heimatbewegung etablierten. Zivilisationskritik als Reaktion des Bildungsbürgertums auf die industrielle

Namensgebender Bestandteil des »Isenhagener Kreiskalenders« waren die zwölf Kalenderseiten am Anfang des Buches.

Foto: Inka Lykka Korth

Revolution, einhergehend mit einer idealisierten Vorstellung von einem »unverdorbenen Landleben« hatte zu einem wachsenden Interesse an der Pflege von Brauchtum und Traditionen und dem Landschafts- und Denkmalschutz geführt. Zahlreiche Heimatvereine waren entstanden und hatten engagierte Heimatforscher hervorgebracht, denen daran gelegen war, ihre Forschungsergebnisse zu publizieren. Dafür standen zwar auch die Lokalzeitungen zur Verfügung – Im Kreis Isenhagen das »Isenhagener Kreisblatt« – , aber mit dem neuen Medium »Heimatkalender« bot sich die attraktivere Möglichkeit, die eigenen Texte in Buchform zu veröffentlichen.

DEUTSCHTÜMELND

Teile der »Heimatbewegung« waren – das darf hier nicht unerwähnt bleiben – über die dem wilhelminischen Zeitgeist entsprechende patriotische Grundhaltung hinaus durchaus empfänglich für das deutschnationale, rassistische Gedankengut, das die immer populärer werdende »völkische Bewegung« verbreitete. Auch der »Isenhagener Kreiskalender« ist nicht frei von Formulierungen, die aus heutiger Sicht unpassend erscheinen. So äußert Landrat Hans Waldow Ritzler (1880–1961) in seinem »Geleitwort« zur ersten Ausgabe im Dezember 1925 deutschtümelnd den Wunsch: »Möge er [der Kreiskalender] die auf ihn gesetzten Hoffnungen erfüllen, die Liebe und Treue zum heimatlichen Kreise stärken, die weitere Entwicklung des Kreises fördern helfen und damit auch eine vaterländische Aufgabe erfüllen.«

Was der Kreiskalender leisten soll, beschreibt der Landrat so: »Seine Aufgabe sollte sein, durch Erzählungen aus der geschichtlichen Vergangenheit, durch Abhandlungen über unsere kunstgeschichtlich wertvollen Altertümer, durch Bilder der Naturschönheiten und ähnliche Beiträge dem Heimatgedanken zu dienen (...).« Landrat Ritzler will den Kreiskalender außerdem als ein »Bindeglied zwischen der Kreisbevölkerung und der Kreisverwaltung« verstanden wissen. So sei beabsichtigt, die Pläne der Kreisverwaltung »hinsichtlich der kulturellen und wirtschaftlichen Entwicklung des Kreises der breiteren Öffentlichkeit nahe zu bringen«. Die Kreisverwaltung habe ein Medium haben wollen, »um Bekanntmachungen und statistische Daten zu veröffentlichen und mit belehrenden Artikeln die allgemeine Volksbildung zu heben«, schreibt der frühere Gifhorner

Von Emil-Werner Baule illustrierter Beitrag über die Sage von der Bokeler »Bullenkuhle« im ersten »Isenhagener Kreiskalender«.
Foto: Inka Lykka Korth

Kreisdirektor Gero Wangerin 1999 in seinem Aufsatz »Zur Geschichte der Kreiskalender im 20. Jahrhundert«.

Woran lag es aber, dass der Kreis Isenhagen erst Mitte der 1920er Jahre und damit vergleichsweise spät dem Vorbild anderer Landkreise folgte und eine eigene Jahrbuchreihe auflegte? Der Erste Weltkrieg und die Inflation, die 1923 ihren Höhepunkt erreicht, werden die wesentlichen Gründe gewesen sein. Landrat Ritzler erwähnt sie in seinem Vorwort nicht, schreibt stattdessen: »So schön und erstrebenswert der Zweck erschien, so viele Hindernisse stellten sich dem Plane entgegen. Einmal waren es solcher finanzieller Natur, dann aber war es schwierig, die nötige Anzahl von Mitarbeitern für diesen Plan zu gewinnen«.

»PELIKAN«-CHEF HILFT BEI DER FINANZIERUNG

Um den Druck finanzieren zu können, wurden Werbeanzeigen von Geschäftsleuten aus dem Isenhagener Land eingeholt. Immerhin 14 Seiten kamen auf diese Weise zusammen. Geholfen, die »finanziellen Schwierigkeiten« zu überwinden, habe auch der Senator Fritz Beindorff (»Pelikan«-Schreibgeräte) vom Gut Auermühle, »indem der für die Schaffung des reichen Bilderschmucks durch den Kunstmaler E. W. Baule in Hannover die Mittel zur Verfügung stellte«. Emil-Werner Baule gestaltete dann auch die Titelseite mit einer Zeichnung vom Innenhof des Klosters Isenhagen. Außer Baules Zeichnungen enthält die erste Ausgabe des 136 Seiten umfassenden, von der Neefschen Buchdruckerei in Wittingen gedruckten

Emil-Werner Baule (1870–1953), der das Erscheinungsbild des »Isenhagener Kreiskalenders« prägte, war ein vielseitig begabter Künstler. Er gilt als Pionier der modernen Werbegrafik, betätigte sich aber auch als Maler, Architekt, Designer und Kunstgewerbler. Seine Hauptauftraggeber waren die Firmen »Pelikan«, »Sprengel« und »Bahlsen« in Hannover. Die langjährige Geschäftsbeziehung mit Baule war es dann wohl auch, die den »Pelikan-Chef« Fritz Beindorff veranlasste, das Geld zur Verfügung zu stellen, das benötigt wurde, um Baule den Auftrag für die Illustration des »Isenhagener Kreiskalenders« zu erteilen.

Archivfoto

Werbeanzeigen von Kaufleuten, Handwerkern und Betrieben aus dem Isenhagener Land halfen, die Druckkosten zu finanzieren.

Foto: Inka Lykka Korth

Kreiskalenders auch einige Fotografien. Bemerkenswert ist zudem eine ausklappbare »Wegekarte des Kreises Isenhagen«.

Dem Isenhagener Kreiskalender für das Jahr 1926 folgten noch einige weitere, dann drohte die Reihe auch schon wieder eingestellt zu werden, allerdings nicht etwa wegen Misserfolgs. Der Grund war vielmehr die vom preußischen Staatsministerium verordnete Auflösung des mit nur etwas mehr als 22.000 Einwohnern vergleichsweise kleinen Kreises Isenhagen und dessen Vereinigung mit dem, was die Einwohnerzahl betrifft, fast doppelt so großem Kreis Gifhorn.

»WEHMÜTIGER AUGENBLICK«

»Mit diesem siebten Jahrgange nimmt der Isenhagener Kreiskalender Abschied von seinen Mitarbeitern und Freunden …«, schreibt der Kreisausschuss des Kreises Isenhagen als Herausgeber im Dezember 1932 im Geleitwort zur Ausgabe 1933. »Er wird nun, da der Kreis Isenhagen im Kreise Gifhorn aufgeht, nicht mehr erscheinen.« Von einem »wehmütigen Augenblick« ist die Rede.

Der Abschiedsschmerz währte allerdings nicht lange, denn schon bald stand fest: Die Reihe der Kreiskalender wird fortgesetzt. Und so erschien bereits im darauffolgenden Jahr ein neuer Band, nun unter dem Namen »Kreiskalender für Gifhorn-Isenhagen« und inhaltlich schon ganz auf Linie der nationalsozialistischen Ideologie.

Nachdem das Erscheinen Ende 1940 kriegsbedingt eingestellt worden war, wurde der Kreiskalender erst 1950 wiederbelebt. Von 1974 bis 1978 musste die Reihe erneut pausieren, diesmal aufgrund der kommunalen Gebietsreform, durch die das Kreisgebiet einen neuen Zuschnitt und eine neue Gemeindestruktur erhielt.

INHALTLICH NEU AUFGESTELLT

Obwohl mit der Ausgabe 2020 der letzte Kreiskalender erschienen ist, wird die Schriftenreihe fortgesetzt. Unter dem neuen Namen »1885«, der auf das Gründungsjahr der Kreise Gifhorn und Isenhagen verweist, konzentriert sie sich auf historische Themen. Für alles andere, was in den Kreiskalendern Platz fand, gibt es heute andere Medien, die aktueller sind, als es ein Jahrbuch jemals sein könnte. ∎

»Es war eine reine Verzweiflungstat«

In Erinnerung an das Kriegsende vor 80 Jahren: eine tragische Fluchtgeschichte, die hier als Beispiel für viele ähnliche Erlebnisse in dieser Zeit erzählt wird.

GERD BLANKE

Vor 80 Jahren endete der Zweite Weltkrieg. Viele Millionen Menschen kamen in der Kriegszeit in dem von Deutschland begonnenen Krieg um. Gegen Kriegsende begann für viele Einwohner der ehemaligen deutschen Gebiete im Osten die Angst vor der immer näher heranrückenden Front. Mit Durchhalteparolen, aber auch mit Androhung schwerster Strafen, wurde die deutsche Bevölkerung zum Ausharren gezwungen. Manche Menschen begaben sich heimlich wenige Tage vor Ankunft der russischen Truppen auf die Flucht in Richtung Westen.

Als Beispiel für viele ähnliche Erlebnisse in dieser Zeit steht die Fluchtgeschichte des im damaligen Ostpreußen geborenen Erhard Gehlhaar aus Ehra. Bis zu seinem 70. Lebensjahr konnte er nicht über diese schreckliche Zeit in seiner Kindheit sprechen. Erst jetzt ist es ihm möglich, Einzelheiten zu berichten. In seinen kurzen Lebenslauf füge ich zwei Briefe ein, die zwar an den Vater des Erhard Gehlhaar gerichtet sind, doch die näheren Umstände erklären und Details enthalten, wie die Mutter von Erhard und zwei seiner Geschwister ums Leben kamen. Erhard Gehlhaar hat darüber nicht gesprochen. Einige Namen sind aus Datenschutzgründen abgekürzt.

»Ich, Erhard Martin Erich Gehlhaar, bin am 23.03.1938 als drittes Kind des Bauern Erich Gehlhaar und seiner Ehefrau Lieselott geb. Weiß in Neukirch Kreis Elchniederung geboren. Ich bin evangelisch erzogen. Im April 1944 kam ich in Grüneberg Kreis Elchniederung zur Schule. Wegen russischer Besatzung musste meine Mutter mit uns Kindern zu den Großeltern ins Samland bei Königsberg fliehen. Von August bis Weihnachten 1944 besuchte ich die Schule bei meinen Großeltern in Groß Drebnau. Am 13. Januar 1945 mussten meine Großeltern mit meiner Mutter und

den Kindern wieder fliehen. Am Tag darauf fielen wir den Russen in die Hände. Zwei Tage später fanden zwei jüngere Geschwister und meine Mutter den Tod.«

Die Todesumstände der Mutter von Erhard Gehlhaar und seiner beiden Geschwister werden in den beiden folgenden Briefen an den Vater beschrieben:

Altlußheim 6.4.50

Werter Herr Gehlhaar!
In der letzten Nr. »Ostpreußenblatt« las ich Ihre Suchanzeige, und wurde wieder an die Schreckenszeit deutlich erinnert. Ich war seit Mitte Okt. 1944 beim Bauer Gustav Weiß in Gr. Drebnau mit dem kleinen Peter Riechert aus Königsberg evakuiert. Am Montag, den 29.5.45 bin ich mit Familie Weiß und deren Tochter Frau Gehlhaar mit ihren vier Kinderchen am Nachmittag per Schlitten geflüchtet, wir wollten nach Fischhausen, da Frau Weiß gerne wissen wollte, ob Ihr Bruder, Herr Podschun schon fort war, fuhren wir nach Kobjeithen. So kamen wir dort gegen Abend an bei heftigem Schneegestöber. Herr Podschun war noch auf seinem Gut seine Frau war schon paar Tage zuvor nach Fischhausen. Wir konnten nicht weiter wegen dem Unwetter, die Straßen waren auch so verstopft und überraschten und (uns) am anderen Tage also am 30. gegen 18 Uhr abends die Russen-Horden. Furchtbares hat sich dort in den paar Tagen und Nächten in dem Hause zugetragen. Sämtliche Deutsche aus dem Dorf und von der Straße wurde (n) in das Haus getrieben, es war so voll gestopft 20 – 30 Menschen in jedem Zimmer. Am Freitag den 2.II. war großer Artilleriebeschuß, wir mußten alle in den Bunker, nachdem der Beschuß zu Ende war durften wir nicht mehr in das Haus, wir sind dann getrieben worden, unser Leidensweg begann, ich habe dann die lieben Menschen nicht mehr gesehen. Wie ich später mal erfuhr, soll Frau Weiß mit zwei Kindern der Frau Gehlhaar, im Treck gesehen worden sein. Ich bin dann mit dem kleinen Peter u. mit einigen sehr guten Frauen aus Kobjeithen durch eine furchtbare, schmachvolle Zeit in vorbildlicher Fluchtgemeinschaft und edler Kameradschaft hindurch gewandert. In Liebenfelde Krs. Labiau, wohin wir getrieben wurden, mußten wir im April 45 auf einer Kolchose als Landarbeiterinnen unser elendes Leben fristen, bis wir am 9.4.48 ausgewiesen wurden. Ich habe meinen Mann hier wiedergefunden, der auch in r. Gefangenschaft eine kurze Zeit war. Nun habe ich die große Bitte an Sie Herr Gehlhaar, mir doch mitzuteilen, wer von all den lieben Menschen noch lebt, denn die Einzelschicksale war(en) so sehr verschieden.
Ich wünsche Ihnen alles Gute und hoffe auf baldige Antwort

Mit freundlichem Gruß
Frau Charlotte J.
17 a Altluhßheim b. Mannheim
Ludwigstr. 6

Altlußheim 16.4.50

Werter Herr Gehlhaar!

Ich danke Ihnen, daß Sie mir sogleich geantwortet haben, und da ich Ihnen nicht so unbekannt bin, so kann ich Ihnen diese Zeilen, mit sehr schweren Herzens so doch mit dem größten Vertrauen, schreiben. Ja, des stimmt so, ich habe in der kurzen Zeit wo ich in Drebnau weilte Ihre Gattin sehr liebgewonnen und auch verehrt. Sie hatte ein gutes offenes Herz und fand bei uns viel Verständnis in ihrer schwierigen Lage. Ihre Gattin hat mir alles erzählt und so war ich im Bilde. Die Einstellung von der Mutter, Frau Weiß, Ihrer Ehe gegenüber war sehr ungerecht und wie kam alles ganz anders, und wie furchtbar war das Ende. Ja, Herr Gehlhaar, was Sie mir mitteilten von dem Schicksal ihrer lieben Frau von Annelies und Ulrich das stimmt, ich wollte es Ihnen nicht gleich schreiben, es war mir, und ist mir auch heute noch so schwer, wieder daran zu rütteln. Diese folgenden Schilderungen schreibe ich mit besonders schweren Herzens, da ich ja zusammen mit Ihren Lieben flüchtete, war ich auch Kobjeithen im Hause zusammen in einem Zimmer, ach, wie war ihre Frau in großer Angst als wir hörten die Russen heraufstürmen, sie schob alle Kinder unter das Bett, jedoch waren die ersten R. (Russen) Propagandatruppen sie benahmen sich freundlich gaben den Kindern Süßes und verschwanden, gleich darauf kamen schon die Horden verlangten unsere Uhren u. Ringe uns so wurde es immer schlimmer, das Mädchen, die Frida wurde gleich im Beisein der Männer von mehreren Russen geschändet. Herr Weiß wird Ihnen das wohl auch erzählt haben, dann mußten die Männer aus dem Zimmer, es trat ein ekelhafter Mongole ein, der schloß hinter sich die Tür ab, stellte seine Blendlaterne auf den Tisch, denn elektr. Licht gab es nicht mehr, wetzte seinen Säbel und murmelte unverständliche Worte, dabei sah er uns so gierig an, dieser Vorgang dauerte eine ganze Weile, dann ging er aus dem Zimmer, bald darauf kam ein anderer, der leuchtete uns mit seiner Lampe ab, probierte an seinem Revolver und murmelte auch, was waren das für qualvolle Minuten, wir glaubten doch alle, nun geschieht etwas, dann hörte man von nebenbei das Schreien der Mädchen und Frauen in ihrer Not. So ging es immerzu, gegen Morgen kam ein Kommissar Ihre Frau rausholen, es dauerte lange, bis sie wieder kam, mit einem ganz verstörten Gesicht, sie hat mir nicht gesagt was geschehen war, aber ich weiß, diese Schmach ließ ihr den Gedanken zu der furchtbaren Tat reifen. Ich schäme mich dessen heute nicht, auch ich hatte nur den einen Gedanken zu sterben. Herr Weiß kann es Ihnen bestätigen wie sehr wir ihn baten uns doch zu töten oder ein Rasiermesser zu besorgen. Gewiß war auch Herr Weiß und seine Frau mit einverstanden und so geschah es in der Nacht von Mittwoch zu Donnerstag. Ich sah Frau Gehlhaar zuerst mit Ulrich fortgehen, es dauerte lange, bis sie Annelies holte, aber nie werde ich ihr Gesicht vergessen, so stand das furchtbare darin zu lesen. Es dauerte wieder lange, es wurde bald Tag, kam sie wieder, schon nicht mehr Mensch, dieses ist der letzte Augenblick wo ich mich erinnern kann, sie sprach etwas mit ihrer Mutter und ging sehr eilig fort, sie soll sich dann auch das Leben genommen haben. Ja, das Hinzukommen eines R. (Russen) hat sie wohl verhindert um ihre Pläne zu vollenden. Ich selbst habe sie tot nicht gesehen, ich war seelisch vollkommen erschöpft, aber eine Frau Maibaum geb. Jopp aus Kobjeithen mit der ich 1947 zusammen war, hat mir damals gleich erzählt, sie hätte Frau Gehlhaar mit den beiden Kindern in der

Ma(h)lkammer hängen sehen, es sei viel Blut herumgespritzt gewesen die eine Wand besonders, sie meinte die R. (Russen) hätten noch geschossen. Diese Frau Maibaum ihre Adr. habe ich noch nicht, sie ist früher rausgekommen als ich. Es war eine reine Verzweiflungstat das darf nicht vergessen werden, es haben sehr viele Menschen in den Tagen sich das Leben genommen. Ich habe ihnen das ausführlich geschildert um überhaupt verstehen zu können, was über uns hereingebrochen war. Frau Weiß war seelisch sehr gebrochen und konnte kaum sprechen, denn es war ihr Geburtstag nie werde ich dies alles vergessen. Die Kinder, Maria und Erhard fragten dauern(d) nach den Geschwistern und der Mutti, es war dadurch eine große Aufregung im Hause entstanden. Frau Weiß übergab uns mir und der Frida die ganzen Sachen, so bekam Frida den Pelzmantel ihrer Frau, weil sie nur einen leichten Mantel anhatte, am andern Tag war der große Beschuß wo wir in den Bunker mußten ich sah nur noch wie Frau Weiß sich Handtücher unter ihrem Rock befestigte und nach dem Bunker mit den Kindern kam, das war das letzte. Frida war bei mir und wir noch paar Wochen zusammen gewesen, sie wurde an einem Tag von den Russen herausgeholt und kam nicht wieder ich nahm an, sie ist verschleppt worden das kann aber nicht sein, sie muß dann erst mit Frau Weiß zusammen getroffen sein. Ihren Nachnamen weiß ich auch nicht mehr, Gedächtniss hat auch so gelitten. - Somit kam der Pelzmantel in meinen Besitz – ich hatte ja auch einen von unserer Tochter Elli, also Peterle seiner Mutter, aber den war ich bald los, und so geschah das Seltsame, die Plünderer nahmen den Mantel nicht, so ist er eigentlich der Lebensretter des kleinen Peters, denn ohne ihn wäre er vor Kälte erfroren, denn wir hatten doch einen strengen Winter damals und mußten oft des Nachts unter freiem Himmel bleiben, wo die Russen uns in kein Haus ließen. So war der Mantel auch späterhin die ganzen drei Jahre bei Tag und Nacht die einzigste wärmende Hülle, er hat viel Strapazen mitgemacht und manchmal wenn die Not so groß war wollte ich ihn den Russen verkaufen. Aber immer wieder kamen wir durch die Not mit Gottes Hilfe und so ist der Mantel erhalten geblieben, wirklich kaum zu glauben, nichts aber auch wirklich nichts habe ich erhalten, sogar mein Ehering geraubt, aber diesen Mantel habe ich auch heute noch. Nun Herr Gehlhaar steht er zu Ihrer Verfügung, so fordert es mein Gewissen. ----- Was Sie mir von dem Erleben Ihrer beiden Kinder mitteilten, hat mich sehr tief bewegt.

Fürchterliches haben diese Kinder gelitten. Ich kenne solche umherirrende Wesen, es gab viele davon, wo die Mütter verschleppt oder verstorben waren. Sie haben ein besonders hartes Schicksal erleiden müßen. Hoffentlich erfahren Sie etwas Genaues von Maria, sie war ein sehr liebes, ernstes Kind, ich hatte sie sehr gerne. Was Erhard durchgemacht hat, gehört in das Buch der Geschichte, er war doch höchstens 7 o. 8 Jahre alt und mußte das Alles erleben, gerade er, in dem Vater so ganz raus schaute, wie Frau Weiß einmal sagte, gerade er ist vom Schicksal bestimmt der einzig Überlebende zu sein. Das(s) der Junge dem Allen stand gehalten hat, so 1 1/2 Jahre allein herum zu irren ist kaum zu glauben, aber die Einzelschicksale sind so verschieden, genau wie bei den Kriegsgefangenen. So wünsche ich von Herzen, dass Sie für den Jungen eine liebe gute Mutter finden mögen, die Verständnis für sein Erleben zeigt und ihm die Freude am Leben wieder giebt. Auch Ihnen Herr Gehlhaar wünsche ich eine liebe gute verständnisvolle Frau, die auch Ihnen wieder einen Halt und Freude am Dasein schenkt. So haben Sie ja einen zufriedenen Wirkungs-

kreis der Ihnen zusagt, dieses ist ja auch viel wert. Es freut mich, dass der junge Herr Weiß eben-falls sein Leben und eine neue Heimat sich aufgebaut hat. Für ihn war es damals das einzig Rich-tige gleich zu türmen, so ist er alldem entgangen, denn helfen konnte einer dem anderen nicht. Meine liebe alte Mutter und meine älteste Schwester sind auch 1947 in Königsberg am Hungertod zu Grunde gegangen. Ich hatte Gelegenheit durch die Arbeit nach Kbg. zu kommen, habe sie auf-gesucht und in einem furchtbaren verkommenen Zustand vorgefunden. Diesen Anblick werde ich auch nicht los und kann nicht mehr froh werden, so sind beinahe 100.000 Menschen in der Stadt elendig zu Grunde gegangen. Nun Herr Gehlhaar zu Ihrer Frage: Ja, der kleine Peter lebt, ich habe ihn durchbekommen, er ist 6 1/2 Jahre alt, aber auch sehr schwächlich, aber auch ein lieber Junge, wir haben ihn bei uns, sein Vati ist vermißt seit 44 in Rum. (änien) Ich schließe nun ziemlich erschöpft und wünsche Ihnen und Gerhard in Allem Gottes Segen und Kraft. In diesem Sinne verbleibe ich ebenfalls mit heimatlichen Grüßen.

Freundliche Grüße von meinem Mann!   Ihre Frau Charlotte J. u. Peterle

Hier wird der Lebenslauf fortgesetzt:

Meine älteste Schwester und ich bleiben bei meiner Großmutter unter den Russen. Meine Groß-mutter starb in Frühjahr 1945 und wurde im Straßengraben begraben. Nach dem Tod meiner Oma kamen wir in ein russisches Waisenhaus. Dort sind wir abgehauen. Wir wurden von anderen Leuten aufgenommen und blieben dort bis zum Frühjahr 1946. Dann wurde meine Schwester krank und kam in ein Krankenhaus. Seitdem haben wir nichts wieder von ihr gehört. Ich fand wieder zurück nach Groß-Drebnau. (Herr Gehlhaar verschweigt an dieser Stelle, dass er allein als siebenjähriger Junge 1 1/2 Jahre bettelnd umherirrte, bis er durch Zufall das Dorf seiner Großeltern wiederfand.)

In Groß-Drebnau angekommen, (war) das Haus leer und ausgeplündert. Dort traf ich ein Mäd-chen, das hatte noch eine Schwester. Ihre Mutter lag schwerkrank im Bett. Das Mädchen brachte mich zu Nachbarsleuten, die sagten, sie kannten unsere Familie und sagten, wir können dich nicht behalten. Sie konnten mich aber nicht behalten und schickten mich (ein) paar Dörfer weiter zur Cousine meiner Mutter, Tante Eva Gerleik, die mich aufnahm. Tante Eva hatte ihren Sohn Hartmut und ihre Schwiegermutter noch bei sich. Im November 1947 kamen wir mit einem Flüchtlingstransport im Güterwagon (in) die russische Zone (DDR) nach Mecklenburg. (Von dort ging es weiter nach) Kirchmöser (an der Havel) bei Brandenburg in ein Lager in Quarantäne = entlausen!

Durch das Rote Kreuz fand mich mein Vater, der mich nach Sehlde, Kreis Alfeld holte. Mein Vater war bei einem kleinen Bauern untergekommen. 1 Pferd und 1 Kuh wurden angespannt.

Ehra den 24.01.2020
Erhard Gehlhaar

Adventsmusik lütt Hörspeel in Heidjer Platt

HENNING TRIBIAN

FIETE: »Na Karl, bringt düsse dunkle Adventstied dick uk in Düsternis? Ick hett lever Sunnschien un warmet Wedder.«

KARL: »Wo kummst du denn da drup? In jedein Jahrestid gift dat annern Reiz. Und grad vör de Wihnachtstid schallt wi doch Tauversicht hebben, seggt nich nur de Pastor.«

FIETE: »Wovun schall denn de Tauversicht herkamen?«

KARL: »Veelicht vun wat beleven mit anner Lüe oder vun Musik, wat weet ick denn?«

FIETE: »Woans kummst du denn grad up Musik?«

KARL: »Segg mal, Fiete, hörst du dat nich?«

FIETE: »Ach dat meenst du? Klor, is ja lut nauch!«

KARL: »Ick glöv, dat kummt vun Schorse sin Hoff. De sünn da inne grote Stuuv.«

FIETE: »Stimmt ja. Jümmers in de Tid vör Wihnachten kummt Willem tau em, un denn speelt se tausamen de olen Wihnachtslieder. Schorse mit sin Posaun speelt de Melodie un Willem jubelt mit sin Trompet ne hoge Gegenstimme. Eer Fruenslüe un Kinner hört da tau.«

KARL: »Na, siehst wohl: Nix mit Düsternis! Da ward een doch glicks beter in't Hart!«

FIETE: »Na gaud, as du meenst. Wovon könnt sei denn so gaud speelen?«

KARL: »Normalerwisen speelt be beiden bi de Füerwehrkapell in de Stadt.«

FIETE: »Ach so – öwer dat is man tau schad, dat se nu nur in't Hus speelt.«

KARL: »Jau, da hast' recht. Taumal, dat de beiden grad de olen Wihnachtslieder speelt, so as O Dannenboom, Leise rieselt de Snee un so wat.«

FIETE: »Dat is richtig gaud. Nich so as in't Radio, wo se ja fast nur noch amer'kan'sche Lieder sendet. *Driving home to Christmas* un so kummt mick all tau de Ohren rut.«

KARL: »Dat kunn doch bi Tiden wat för't ganze Dörp wän. Kiek mal, da kümmt Johann, de ole Vörsteher vun't Dörp. Veelicht hett de ne Idee, woans wi dat henkrigt?«

FIETE: »Moin, Johann. So, du hest uk de scheune Musik hört. Wi överlecht grad, ob dütt nich wat för dat ganze Dörp wän kunn.«

JOHANN: »Na ja, da mött wi vörher mi de Mus'kanten klarkomen.«

FIETE: »Dat stimmt.«

KARL: »Ick klopp mal bi Schorses Stuv an de Fensterschiew un frögg:
Jü twei Posaunenengels, wi hebbt da mal 'ne Frag:
Jü speelt so scheun, un wi dacht, dat kunn doch för alle Lüe in't Dörp wän.
Wat seggt jü dartau?«

SCHORSE: »Dat mag woll gahn, oder, Willem?«

Willem »Jau! Un woans schall dat funktioneern?«

JOHANN: »Ick glööv, ick heff da ne Idee: Wi künnt us doch einmal in de Week in de Adventstid mitten in usen Rundling tausamensetten, un ji speelt datau.«

KARL: »Wi kunnt denn datau singen und wat vertellen. Dat wör doch gaud för alle Lüe in't Dörp. As Dörpfier.«

FIETE: »Un wi künnt ja wohl uk en lütt Füer maken un dartau en Grog oder en Tee drinken. Datau leckern Bodderkauken. För de Kinner gifft dat Punsch.
Un wenn Regen oder Snei kummt, denn gaht wi inne Schüün.«

SCHORSE: »Sotauseggen as Krönung gifft dat denn Stille Nacht, hillige Nacht.«

JOHANN: »Dat künt wi organiseern as in freuher Tiden: Da gäv dat doch in usen lütten Rundling keen Kreuger. Jümmers an Silvester wurd een anner Hoff för een Jahr taun Kreuger. Un nu seggt wi, dat an jedein Sunndag een anner Familie för Kekse un Getränke taustännig is.«

KARL: »Dunnerlütschen, du hest ja richtig wat in dien Brägen, Johann. Naja, as use Böbberste in't Dörp. – Ick find dat gaud. Jü uk?«

FIETE, KARL, SCHORSE, WILLEM: »So makt wi dat! Denn bit denn. Over wäs nich tau laat.«

JOHANN: »Ick will denn mal tau jeden Hoff in't Dörp gahn un glicks inladen för taukamen Sunndag um Klock veer, denn ward dat all so'n beten schummrig.«

Vom urigen »Hexenhaus« in einen alten, kalten Bunker

Drei Jahre nach dem Neustart in Hankensbüttel macht sich die Flüchtlingsfamilie aus Pommern wieder auf den Weg. Ihr neues Ziel: Australien. Eine lange Reise wird es dennoch nicht, aber das Eingewöhnen dauert umso länger.

GERHARD GLAUNER

Mein Vater arbeitete mit seinen Pferden im Wald als Holzrücker und Stubbenroder, aber er wollte unbedingt Landwirtschaft betreiben. So pachtete er am Flugplatz Dedelstorf einige Morgen Brachland (von Flugzeugen und anderen Fahrzeugen festgefahren), und wir zogen 1948 in einen der ehemaligen Munitionsbunker. Die Vorbereitungen für den Umzug der gesamten Familie vom Hankensbütteler Ortsteil Isenhagen, wo wir 1945 als Flüchtlinge im »Hexenhaus« eine neue Bleibe gefunden hatten (1885, Band 2024, Seiten 97–106), waren ein ziemlich schwieriges Unterfangen. Nachdem eine kleine Scheune – aus Holz und mit Teerpappendach – errichtet worden war, musste das Winterfutter – Heu, Stroh, Hafer, Kartoffeln und Rüben – für die Tiere beschafft und in der Scheune eingelagert werden. Außerdem war es erforderlich, Türen und Fenster anfertigen und in die Betonbunker einbauen zu lassen.

Es gab viele Probleme. Heuhaufen, die als Winterfutter gedacht waren, wurden angezündet und brannten bis auf die Asche nieder. Fenster, die angefertigt waren, wurden zerstört und mussten wieder neu verglast werden. Das ganze Vorhaben stand von Anfang an unter keinem guten Stern. Es ist auch nicht nachzuvollziehen, wie ein erwachsener Mann und Familienvater seiner Familie zumutet, in Betonbunkern leben zu müssen, in denen sich im Winter Eis – nicht nur an den Fensterscheiben – nein, auch innen, an den Außenwänden bildete. Wir gingen stets mit angewärmten Ziegelsteinen zu Bett. Die Katze durfte auch mit. Sie hat uns gewärmt und in den Schlaf geschnurrt. Morgens war das Bettzeug feucht, und man war froh aufstehen zu können. Gesund war das garantiert nicht und in der heutigen Zeit für keinen Menschen vorstellbar.

Die Betonbunker standen direkt an der Flugfeldgrenze, am Wald, unweit der Kainwiesen. Das Grundstück bekam den Spitznamen »Australien«, weil es von allem so weit abgelegen war. Das Flugfeld war damals kaum landwirtschaftlich genutzt, war also noch eine sehr große Freifläche. In der Dunkelheit fuhren englische Offiziere in Jeeps mit aufgeblendeten Scheinwerfern über das Rollfeld und schossen nicht nur auf Wildschweinem, sondern auf alles, was sich bewegte. Das war sehr gefährlich und es war nicht ratsam, sich abends draußen aufzuhalten.

Unser Wasser holten wir von einer draußen installierten Schwengelpumpe. Im Winter wurde sie mit Stroh umwickelt, damit sie nicht einfror. Ein Stück weiter im Wald stand unsere Latrine, ein einfaches Plumpsklo.

Im linken Bunker, vom Wald aus gesehen, wohnten wir, im rechten Bunker standen unsere beiden Pferde. Eines davon hatte eine Verwundung an der Unterlippe, die es im Krieg abbekommen hatte und die nicht heilte. Außerdem hatte das arme Tier öfters Hufverschlag, und der Tierarzt war ziemlich oft bei uns.

Schweine hielten wir auch und natürlich Hühner. Durch einen glücklichen Zufall bekamen wir eine Kuh geschenkt: kleinwüchsig, sehr mager und rötlich farblos. Diese Kuh kam aus Amerika und war Teil des damaligen Marshall-Planes. So hatten wir wenigstens unsere eigene Milch und konnten davon sogar noch etwas abgeben.

An der linken Stallecke stand die Hundehütte, und unser Hund, Harras, war dort angebunden. Ein richtig scharfer Hund!

UNSER SPIELPLATZ

Dem Stall gegenüber stand die Scheune, und rund 100 m weiter links am Waldrand lagen zwei abgeschossene Jagdflugzeuge, in denen wir Kinder sehr gerne spielten. Die Armaturen, Steuerknüppel, Sitze und vieles mehr waren für uns hochinteressant. Es war aber auch sehr gefährlich. Überall lag Munition herum. Am gefährlichsten waren die Geschosse mit Aufschlagzünder. Die Zünder waren farblich gekennzeichnet, rot oder blau. Die Geschosse explodierten, sobald sie auftrafen und zersplitterten dann. Beim Spielen mit so einer Granate wurden einem Schulkollegen von mir drei Finger und die halbe Hand abgerissen. Das war furchtbar! Gefährlich war auch das Spielen mit Schwarzpulver, das alle Geschosse als Treibladung zum Inhalt hatten. Von einem Geschoss entfernte man vorsichtig den Geschosskopf, schüttete das Schwarzpulver raus und zündete es an. Es gab sofort eine riesige Stichflamme. Das waren sehr gefährliche Zeiten und es passierten viele schlimme Unfälle.

Es gab aber auch Erfreuliches. Geld war mehr als nur knapp und so machte man alles was nur möglich war, um etwas Geld zu verdienen.

Lebensgefährlicher Abenteuerspielplatz: Flugzeugwracks am Waldrand.   *Foto: Privatarchiv Heinrich Müller*

UNSERE GELDQUELLEN

Der Flugplatz hatte eine Randbefeuerung: mit Lampen ausgestattete Metallpfeiler, die Flugzeugen den Rand des Rollfeldes anzeigen. Die unterirdisch zwischen den Lampen verlegten Kabel waren innen aus Kupfer. Alle Rohstoffe, vor allem Kupfer, waren damals absolute Mangelware und wurden außerordentlich gut bezahlt. So grub man also die Kupferkabel aus, brannte die Ummantelung ab und verkaufte sie gewinnbringend an Schrotthändler. Die Firma Lindhorst aus Eschede kam damals mehrmals wöchentlich und holte den Schrott gegen Barzahlung ab. Für alle ein richtig gutes Geschäft, allerdings nicht legal.

Eine weitere Geldquelle war das Geschäft mit Bordsteinen, die man aus einer von den Besatzungstruppen gesprengten Straße grub und an Baufirmen verkaufte. Der laufende Meter kostete damals 1 DM (Seit 1948 gab es ja die neue Währung, die Deutsche Mark). Man buddelte die Bordsteine aus und fuhr sie mit dem Pferdewagen nach Hankensbüttel zur Baufirma.

Die Erholung aus dem Nachkriegschaos setzte nach der Währungsreform 1948 nur langsam ein. 40 DM Startgeld pro Person reichen nicht sehr lange. In Zeiten von Arbeitslosigkeit und Armut war das ein kläglicher Start in ein neues Leben.

UNSER SCHULWEG

Die Volksschule befand sich damals in Repke. Im Gasthaus Dierks war im rechten Bereich des Hauses, neben der Gaststube, im Untergeschoss, ein kleiner Klassenraum eingerichtet worden, der im Winter mit einem Ofen beheizt wurde, in dessen Nähe wir unsere durchnässten Jacken zum Trocknen aufhängen konnten. Das war nötig, denn wir hatten einen Schulweg von 4 bis 5 Km, den wir täglich zu Fuß gingen – hin und zurück und bei jedem Wetter. Im Winter in Gummistiefeln, die wir wegen dem hohen Schnee oben mit Draht zugebunden hatten. Meine Schwester und ich gingen quer über den Flugplatz bis zur Hauptstraße und dann in Richtung Repke.

Der Wechsel von der sehr großen Schule in Hankensbüttel in die sehr kleine Schule in Repke hatte für mich nur Vorteile. Die Lehrer in Hankensbüttel unterrichteten im Befehlston. Am Schlimmsten war der Musiklehrer Wilhelm Glade. Der schlug – wann immer er meinte, es tun zu müssen – mit dem Geigenbogen auf die Kinder ein, die vielleicht musikalisch nicht ganz seinen Vorstellungen entsprachen. Gerne schlug er auf die Hände der Kinder!

Das totale Gegenteil in Repke waren unser Lehrer Walter Kieckbusch und seine Frau Margarethe Kieckbusch. Frau Kieckbusch unterrichtete die Klassen 1 bis 3 und Herr Kieckbusch das 5. bis 8. Schuljahr. Jeder Unterricht war bei Herrn Kieckbusch hochinteressant. Er konnte jeden Lernstoff verständlich vermitteln. Auch menschlich mochten wir Kinder die Kieckbuschs. Herr Kieckbusch spielte fast immer mit uns in den Pausen Fußball, denn er war ein großer Fußballfreund. Das aber konnten wir erst machen, nachdem wir in die neue Schule an der Hauptstraße von Repke nach Dedelstorf gezogen waren. Wenn ich mich recht erinnere, war das 1950. Dort hatten wir nun endlich für damalige Verhältnisse ordentliche Toiletten, Jungen und Mädchen getrennt und mit Handwaschgelegenheiten.

Jedes Kind bekam ein Beet im Schulgarten, um es es selbst zu bewirtschaften und zu beernten. Meine Schwester Christa und ich waren fast täglich im Schulgarten, und so ergab sich ein sehr guten Kontakt zum Ehepaar Kieckbusch, das keine eigenen Kinder hatte. Meistens gab es nachmittags Kakao und Kuchen, oder Marmeladenbrot. Diese schöne Beziehung hat sich auch nach der Schulzeit fortgesetzt. Frau Kieckbusch hatte mit mir am gleichen Tag Geburtstag. So habe ich ihr dann immer einen Strauß Margeriten (weil sie doch Margarethe hieß) gepflückt, und ich bekam immer eine Spitztüte Schokoladentaler. Frau Kieckbusch war kulturell sehr interessiert, hatte viel Kunstwissen und leitete die Jugendgruppe Repke/Dedelstorf.

UNSERE FESTE

Die beiden Dörfer Repke und Dedelstorf teilten sich nicht nur Jugendgruppe und Schützenverein, sondern gestalteten ihr gesamtes kulturelles Leben gemeinsam. Repke hatte damals etwa. 120 Einwohner, Dedelstorf rund 100 Einwohner. Neben dem vielbesuchten Schützenfest und dem Erntedankfest fanden Theateraufführungen statt. Die Volkstanzgruppe war an diesen Veranstaltungen immer beteiligt, und es war üblich, dass man die Teilnehmer oder Zuschauer, die aus den Nachbardörfern anwesend waren, abends mit zu sich nach Hause nahm und dort mit einem Abendessen bewirtete. Es gab damals bei den Festen noch keine Imbissstände. Einen Bratwurststand hatten nur die Hankensbütteler auf ihrem Jahrmarkt. Eine Rossbratwurst kostete 25 Pfennig, 5 Pfennig mehr als eine Karussellfahrt, und auch die damals schon beliebte Zuckerwatte gab es für 20 Pfennig. Man konnte als Kind also mit 1 Mark richtig schön Jahrmarkt feiern.

Das Schützenfest fand damals immer in der Bahnhofsgaststätte Repke bei Tante Hanni statt. Dort wurde angetreten, dann marschierte man zum Ehrenmahl, am Dorfteich und von da aus weiter nach Dedelstorf. Beim Bürgermeister Wilhelm Wiegmann gab es immer eine Stärkung, auch in flüssiger Form und dann marschierte man zurück nach Repke, in den Festsaal im Bahnhof.

Sehr beliebt war damals das »Ostereierstiepen«. Die Kinder (auch schon ziemlich große) zogen von Haus zu Haus, sagten ihren Spruch auf (»Stiep stiep Osterei, giwst du mi keen Osterei, stiep ick di dat Hemd entzweii«) und bekamen dann Ostereier, Süßigkeiten oder andere Leckereien.

Ähnlich wurde das Pfingstfest gefeiert. Die jungen Männer holten am Pfingstsonnabend, bei einbrechender Dunkelheit, kleine Birkenbäume aus dem Wald, die sie dann bei Dunkelheit vor das Haus des angebeteten Mädchens stellten. Alle Häuser waren damals zumindest an den Türen und Hofeinfahrten mit Birkengrün geschmückt.

Es wurden viele Streiche gespielt (Gartentore wurden vertauscht, Hunde umgebunden, sodass einige morgens einen fremden Hund hatten, und vieles mehr). Selbstverständlich musste man auch die Erdbeeren, Kirschen und anderen Früchte in fremden Gärten probieren. Das geschah aber immer schön im Geheimen.

Das Dorfleben, wie es damals war, kann sich heute niemand mehr vorstellen. In fast jedem Dorf war eine Schmiede und man hörte Hammerschläge auf Metall und Amboss, in großem Umkreis der Schmiede. Das Motorengeräusch der Trecker mischte sich mit Pferdegetrappel und Hundegebell. Hähne krähten, Hühner gackerten, Perlhühner und Puten, machten ganz bestimmte Geräusche, ganz anders als das Enten- und Gänsegeschnatter. Oft hörte man in Repke auch das Blöken der Schafe von Wilhelm Heuer, der damals eine ziemlich große Herde Heidschnucken hatte. Im Spätherbst und im Winter hörte man manchmal tagelang das Brummen der Dreschmaschinen.

Es war eine lebendige, gute Dorfgemeinschaft. Nach Feierabend spielte sich das dörfliche Leben überwiegend im Freien ab. Beliebtester Treffpunkt war die Milchbank.

Und wie erging es unserer Familie abseits des Dorflebens draußen in »Australien«? Die Ernte auf dem verdichteten Brachland war so erbärmlich, dass mein Vater sehr bald seine Versuche, sich als Landwirt zu betätigen, aufgeben musste. Es war ein einziges Verlustgeschäft. Wir zogen dann in die Kaserne des ehemaligen Fliegerhorstes Dedelstorf, wo wir im Block 102 wohnten. Aber das ist ein neues Kapitel, das demnächst an dieser Stelle erzählt werden soll ... ■

Trotz Heiroatsvearbot frieen sess kriegsvearsehrte Heimkehrer in Mie'en

(Upp üse Mie'ersche Platt)

ANNELIESE LEFFLER

Doppelhochzeit am 1. März 1946. Links: Heinrich Prieß (geb.1920) mit Resi Bühring (geb. 1924). Rechts: Gustav Prieß (geb.1921) mit Margarete Oelker (geb. 1925). *Foto: Privatarchiv Anneliese Leffler*

Wie et hiear freuher uppen Doarpe bie Hochtie'en tauging, hat Pastor Hoffmann (1610–1676) all in sien Hoffmannsbauk güt beschreeb'n. Von 1646 bet 1676 was hei hiear Pastor in üse St.-Petri-Kearke. Inne Mie'ersche Doarpchronik uppe Sieten 118 bet 119 is et güt noaetaulesen, wie et tau dä doamoaligen Tie'en bie Hochtie'en was. Un wat Heinrich Klingenspor (1906–2003) doa uck ober dä Hochtietsbräuche uppe Sieten 343 bet 345 'eschreeb'n hat, earschient üsch in Veargliek tau hiete recht mearkwürdig. Man keim freuher nich wiet umhear, manche Ehepoare woar'n sotausejjen tauhopeheu'et. Nich selten speele doabiee dä finanzielle Hindergrund midde. Schönheit veargaht, Hektoar bestaht, disse ole Spruch woard leider öfters woahr. Oder: Friee Noawers Kind, keepe Noawers Rind, denne wesste, wat dü hast.

Uck wenn eine junge Ehefrüe freuh stoarf, was et üblich, datt dä Witwer eine noch ledige Schwester üt disse Familie frieen dä. Dat härr natürlich uck dän Voardeil, datt bereits voarhandene Kinner däselben Groteldern beheilten un eahre Tante dän Kinnern nich fremd was. Ob doa Liebe in Speel was, doanoahe woard ofte nich e'froget. Sowat lätt sick hietigendoges kein Minsche meahr bie üsch gefall'n.

In olen Tie'en woard meist in Harste, Winter oder Freuhjoahr 'efrieet. Kühl- un Gefrierschränke bieen Voarbereiten vont' Eeten geif et noch nich, bloß kole

diestere Keller. Foar Hochtie'en woard extroa ein Swien oder Rind 'eslacht un Heuhner foar dä hiete noch bekannte Mie'ersche Hochtietssuppe. Eine Kokefrüe keim doatau in't Hüs, Mägde un Noawersfrüens holpen bie'en Koken, alles ging uck ohne elektrische Herde und Backoms. Dä Kauken woard bie'n Bäcker oder in Backhüs 'ebacket. Beistich upppassen messte man, dat dä Kauken nich all voarhear bie'en Kaukenklauen 'eklauet woard. Hochtiet 'efieert woard inne Bürnhieser meist uppe grote Deele, un bie grote Hochtie'en stelle man ein Telt doavoar, alles woard festlich 'eschmücket.

Dä kearkliche Trüung fund meist doa in dä Kearke statt, wo dä Brüt hearstamme. Siet 1874 gifft et in Preußen ein Gesetz foar eine standesamtliche Trüung un siet 1876 denne uck foar dat doamoalige ganze Deutsche Reich. Dä meisten Brütpoare leiten sick standesamtlich un uck kearklich trüen. Wenn denne uck moal eine schwangere Brüt un eahr Breddichgam sick dän kearklichen Segen wünschen däen, messte dä bedüarnswearte Brüt ein swartet Kleed antrecken un dä

Glocken drefften nicht lie'en. Einmoal hat eine Brüt in Mie'en et 'ewoaget, trotzdem ein wittet Kleed mit Schleier antautrecken, et geiff un gifft joa uck Sebenmonoatskinner. Doa is joa woll eine eldere Früe kom'n un hat eahr dän Schleier von Koppe 'eretten. – Wat foar eine Blamaoje un ein Blotstell'n voar dat Brütpoar, dä ganze Hochtietsgesellschaft un dä Taukiekers.

In Kriege geif et so manche Ferntrüung. Denne woard dat in Heimoaturlaub 'ezeuchete Kind uck ehelich geboar'n. Oaber so manch ein Voader hat sien Kind erst Joahre später seih'n kennt oder goar nich, wenn hei in Kriege bleeb'n is. Uneheliche Kinner un eahre Mütter härr'n et freuher nich lichte. Noaen 2. Weltkrieg geif et bie üsch in Mie'en ein'n regelrechten Heiratsboom, doar dat Gerücht, datt dä Alliierten dat Heiratsverbot woahr moaken dä'en, kreijen et veele junge Lie'e hille mit Frie-en. Veele ehemoalige Soldoaten keim'n mit körperlichen und seelischen Vearletzungen üten Kriege. Sess Ehepoare in Mie'en, wotau uck miene Eldern un Unkel un Tante gehearten (disse Veire heilten sogoar 1946 Doppelhochtiet), geiben sick von 1946–1950 mit voarheariger standesamtlicher Trüung inne Mie'ersche St.-Petri-Kearke dat Joawoart. Gejensietich wearn sei sick Trüzeujen. Sei nenn'n sick dä Krüppelklub un fieern alle sess Hochtie'en scheene tauhope. Obwoll disse Ehemänner taun Deil ganz schlimmen Kriegsvearletzungen mit Amputationen hearn, gründeten alle sesse Vearsehrten tauvearsichtlich mit eahren düchtigen Ehefrüens eine Existenz. Eahre Freundschaften bleiben lange bestoahen. Hiete sind alle twölwe nich meahr under üsch.

Wat hat sick alles in dän bienoahe 80 Joahr'n vearändert? Hietigendoges friet veele Poare nuar noch standesamtlich oder goar nich. Wenn dä eijen Kinner Blaum'n streijet, stöart dat kein'n meahr, oder wenn Kinnerdeepe und Hochtiet tauhope inne Kearke stattfind't. Trüen kann man sick hietigendoges oberall üt Liebe, egoal ob üt verschiedenen Kulturen, underschiedlichen Glaubensrichtungen oder gglieggeschlechtlich. Ob in Las Vegas, an Strand, in eijenen Goarn oder siss wo, Hauptsache is, ein Standesbeamter mott dä Trüung voarnehm'n, siss is dä Ehe rechtsungültich.

Hietigendoges find sick Poare uck ofte obert Internet in Datingportalen, oaber direkte Liebe upp dän earsten Blick gifft et uck noch. Wenn denne eine grote Hochtiet 'efieert wear'n schall, mott doatau ofte noch ein Hochtietsploaner hear, datt uck alles an scheensten Dach in Leben klappet. In Gaststä'en oder Hotels mott man sick all rechttietich anmeld'n, siss kricht man kein'n Platz meahr. Originelle Inloadungen un ein Discjockey oder eine Band geheart uck doatau un dä Festgarderobe.

Un wenn et güt gaht un dä Ehepoare gesund bliebet, kinnt se in 25 Joahr'n Silberhochtie'en fieern, in 50 Joahr'n Goldene, in 60 Joahr'n Diamantene un in 65 Joahr'n Iserne Hochtie'en. Denne gifft et noch dä seltenen Gnoadenhochtie'en, Juwelen- un Kronjuwelenhochtie'en. Dat is denne ein Teiken doafoar, datt dä Ehepoare in gü'en un slechten Tie'en tauhope 'ehol'n hätt.■

Eine große Hochzeit wurde am 4. Juni 1948 von Friedrich Schmale (geb. 1923) mit Ilsedore Reinebeck (geb. 1926) gefeiert. Alle sechs »Krüppelklub«-Mitglieder sind mit ihren Verlobten bzw. Ehefrauen unter den Gästen auf dem Bild. *Foto: Privatarchiv Anneliese Leffler*

Fröhjahrstiet

De Kiwitt röpt,
Kiwitt, kiwitt,
Nu komt de moie
Fröhjahrstiet.
Nu is ok Ostern
Nich mehr wiet.

Klaus-Jürgen Gramberger

Foto: Georg Wietschorke

Märzspaziergang

Noch schaut die Sonne schräg und kühl
und weiß nicht recht, was werde,
und pflegt doch schon ein Vorgefühl
von Frühling auf der Erde

und hat bereits vom Wiesengrund
den Nebel fortgenommen,
so bin ich in der Morgenstund'
zur Rundschau angekommen.

Es rammelt in dem grünen Raum
ein liebestoller Hase,
ein Zweig vom wilden Apfelbaum
verzierte meine Vase

und stände schnell im Blütenstand.
Ich werde ihn nicht brechen,
er soll beim Frühlingsfest im Land
als Trumpf des Schönen sprechen.

Die Spinne hat als Festbeginn
den nächsten Tag verstanden,
sie zieht vom Klee zum Günsel hin
schon heute die Girlanden.

Die Männchen in der Vogelwelt,
brillant im Festgefieder,
sind ganz auf Wettstreit eingestellt
und üben Minnelieder.

Der Vorlenz ist ein Überkleid,
es keimt der Lenz von innen
wie selbst in mir, es sprießt zur Zeit
und grünt in meinen Sinnen.

Hannelore Furch

Collage: Hannelore Furch

Alter Schneepflug im Dornröschenschlaf

Zwei Pferde zogen das aus Holz gebaute Räumgerät. Bei starken Schneeverwehungen waren sogar vier Pferde als Zugtiere im Einsatz.

HARALD HARMS

D ie in unserer Region seit den 1960er Jahren doch recht milden Winter waren nicht immer so. Aus eigener Erfahrung kann berichtet werden, dass es in vorausgegangenen Jahren und auch später immer mal wieder starke Schneefälle mit kräftigen Verwehungen gab. In den Wintern 1962/63 und 1978/79 erlebte Norddeutschland katastrophale Schneeverhältnisse. Damit die heftigen Schneefälle den zwar längst noch nicht so starken Straßenverkehr behinderten, wurden Schneepflüge eingesetzt. Im Katastrophenwinter 1978/79 musste sogar die Bundeswehr mit ihren Panzern zahlreiche Wege räumen, Tiere mit Futter versorgen und Menschen aus misslichen Lagen befreien.

Jede Menge Schnee zum Jahreswechsel 1978/79.   *Foto: Harald Harms*

Schneepflüge wurden früher von Ochsen oder Pferden gezogen. Das waren meist Keilpflüge aus Holz. Ein Keilpflug hat zwei schräg gestellte Schneeschilde, die vorne keilförmig miteinander verbunden sind und auf beiden Seiten des Pflugs Schneewälle aufwerfen. Keilpflüge wurden meist nur zum Räumen einspuriger Straßen verwendet. Das hatte allerdings den Nachteil, dass die Tiere vor dem Pflug gehen mussten und damit den Schnee zusammenpressten. Man konnte den Pflug auch nicht heben oder senken, sondern nur mit Steinen belasten. Ein eiserner Winkel am unteren Ende der schrägen Schilde verhinderte, dass sich das Holz beim Einsatz auf den Straßen nicht so schnell abnutzte.

Aufgetürmte »Schneeberge«

Mit schneereichen Wintern hatten auch unsere Vorfahren zu tun. Im Protokollbuch der Gemeinde Jembke von 1898 kann man über die Bespannung des Schneepfluges lesen: »Das Vor-

So sah der Schneepflug im Jahr 2003 aus. *Foto: Harald Harms*

Die morndenden Reste des alten Schneepflugs im Jahr 2023.
Foto: Harald Harms

spann vor dem Schneeschlitten pachtete H. Herbold vom 1. Dezember 1898 auf 1 Jahr pro Stunde zu 1 M.« Ob ein solcher Schneeschlitten, wie der Schneepflug damals genannt wurde, schon vor dieser Zeit im Einsatz war, konnte leider nicht in Erfahrung gebracht werden.

Ein Schneeschild, vor- oder angebaut am Lastwagen oder Unimog, so wie wir es heute kennen, gab es bis in die 1950er Jahre in Jembke und Umgebung noch nicht. Hier tat der alte, aus starken Holzbohlen zusammengebaute Schneepflug mit einer Seitenlänge von etwa fünf Metern und einer Gesamtbreite von rund vier Metern, der bei Bedarf von zwei kräftigen Pferden gezogen wurde, seinen Dienst. Bei sehr starken Verwehungen wurden auch schon mal vier Pferde vor den Pflug gespannt.

Nach dem Einsatz wurde der Schneepflug zum »Sommerschlaf« am Spritzenhaus an der Kirche abgestellt. Für die Kinder war das dann immer ein schöner Abenteuerspielplatz.

Eine letzte Eintragung über die Vergabe der Leistungen des Straßenräumens erfolgte am 27. Januar 1930. Darin heißt es: »Der Schneepflug soll demnächst verdungen werden«. Die Vergabe wurde aber nicht mehr protokolliert.

Nachdem der Schneepflug in der Gemeinde nicht mehr eingesetzt wurde, übernahm ihn der Abwasserverband. Noch lange Zeit, bis zu Beginn der 1980er Jahre, wurden mit diesem Räumgerät die Wege in der Gemarkung Jembke vom Schnee befreit. Danach sind die anfallenden Schneemassen mit einem Radlader zur Seite geschafft worden.

Jetzt rottet der ausgediente alte Pflug auf dem Gelände des Abwasserverbandes am Waldrand unter Bäumen vor sich hin. Man muss schon genau hinsehen, um seine ursprüngliche Größe festzustellen. Die Straßen und Wege im Dorf und in der Gemarkung werden im Bedarfsfall nun von Lohnunternehmen oder mit gemeindeeigenen Fahrzeugen vom Schnee geräumt und wieder befahrbar gemacht. ■

Todesschüsse an der innerdeutschen Grenze

Als Zicherie im Herbst 1961 weltweit für Schlagzeilen sorgte

JÜRGEN RÖLING

E s ist ungewöhnlich, dass ein so kleiner Ort wie Zicherie im Kreis Gifhorn in die Schlagzeilen der Weltpresse gerät. Was war passiert im Herbst 1961, zwei Monate nach dem Mauerbau in Westberlin, dass Journalisten fragten: »Wo ist Zicherie?« Die Antwort war einfach: »Immer an der innerdeutschen Grenze entlang, dann kommst du auch nach Zicherie«.

DOPPELDORF

Der Ort Zicherie lag direkt an der innerdeutschen Grenze und bildete das Doppeldorf Zicherie-Böckwitz. »Drüben«, wie die Einwohner im Westen zu sagen pflegten, wenn sie den Osten meinten, war Böckwitz: Es lag nur einen Steinwurf nah und war wiederum unerreichbar fern.

Die Dorfstraße in Zicherie endete geradewegs am Schlagbaum. Daneben lag ein großer Findling mit der Inschrift »Deutschland ist unteilbar«. Ein Schild mahnte: »Halt Zonengrenze«. Vom anderen Staat war nicht viel zu sehen, In der Ferne waren Traktorgeräusche zu vernehmen.

Früher trug das Ortsschild von Zicherie die Zusatzbezeichnung »Zonengrenzbezirk«. Der Grenzlehrpfad mit Kontrollstreifen erinnert an die deutsche Teilung.   *Foto: Jürgen Röling*

FLUCHTBEWEGUNG IN DEN WESTEN.

Im Gegensatz zur DDR erlebte die Bundesrepublik in den 1960er Jahren ein Wirtschaftswunder. Besonders hochqualifizierte Fachkräfte sahen deshalb ihre Zukunft im Westen und verließen scharenweise den sozialistischen Staat, der »auszubluten« drohte. Damit wurde die Flüchtlingsfrage für die DDR zur Existenzfrage. Sie reagierte auf ihre Weise und begann die Grenzsicherung zum Westen auszubauen. Niemand sollte die Chance sehen, die DDR »illegal« verlassen zu können. Um die Vorgabe durchsetzen zu können, wurde der sogenannte Schießbefehl in die Grenzsicherung einbezogen. Dieser forderte die Grenzsoldaten auf, Flüchtlinge am Grenzübertritt notfalls durch gezielte Schüsse zu stoppen. Der Befehl rief im Westen Empörung hervor und diskreditierte die Skrupellosigkeit des DDR-Regimes.

LICHTENSTEIN STARTET REPORTAGEFAHRT

Im Oktober 1961 startete der Journalist Kurt Lichtenstein von der Westfälischen Rundschau eine Reportagefahrt, um herauszufinden und zu berichten, was der Riss durch Deutschland mit den Menschen machte. Welche Gefühle, welche politischen Erwartungen

Gedenkstätte an der Kreisstraße 85 südlich von Zicherie.

Foto: Jürgen Röling

und Hoffnungen die Menschen aus dem Grenzgebiet an den Tag legten – zwei Monate nach dem Mauerbau in Westberlin. Für dieses Vorhaben plante Lichtenstein, die innerdeutsche Grenze von Lübeck im Norden bis Hof im Süden abzufahren. Es war ihm ein Herzensprojekt, und um das umzusetzen, musste er nahe an die Menschen heran, wenn möglich auch an die Ostdeutschen.

DER GRENZZWISCHENFALL BEI ZICHERIE

Am 12. Oktober war Lichtenstein wieder unterwegs. Es war der dritte Tag seiner Tour. Gegen 12 Uhr befuhr er mit seinem roten Ford Taunus die Straße zwischen Zicherie und Kaiserwinkel, die direkt neben der Grenze verlief. Arbeiter bedienten ganz in der Nähe einen Kartoffelroder. Sonst war niemand weit und breit zu sehen. Lichtenstein hielt an. War das die große Chance, auch ungefilterte Meinungen aus dem Osten zu bekommen? Er parkte seinen Ford am Straßenrand und ging auf die Grenze zu. Er wollte zu den Arbeitern, umkehren konnte er immer noch. Die Arbeiter auf dem Kartoffelacker sagten später, sie hätten Lichtenstein gewarnt, als er auf sie zukam, er befände sich auf dem Staatsgebiet der DDR. Er solle lieber zurückgehen.

Dass die Situation für ihn gefährlich würde, spürte jetzt auch Lichtenstein. Er lief zurück. Er musste westdeutsches Gebiet erreichen, dann wäre er sicher. Zwei DDR-Grenzer hatten zwischenzeitlich ihre getarnte Stelle im nahen Wald verlassen, tauchten jetzt auf, um ihn zu stellen. Aber Lichtenberg war nahe am rettenden Ufer, dem Grenzgraben. Wie reagierten die DDR-Grenzer? Mit falschem Pflichtbewusstsein, politisch indoktriniert, machten diese von der Schusswaffe Gebrauch. Drei Kugeln trafen Kurt Lichtenstein. Er verblutete auf dem Grenzstreifen, dicht bei Zicherie und bezahlte seine journalistische Neugier mit dem Leben.

DER GRENZVORFALL VOR DEM LANDGERICHT

Die beiden DDR-Grenzer mussten sich 36 Jahre später in einem Strafprozess vor dem Landgericht Stendal wegen der Todesschüsse verantworten. Nach Feststellung des Gerichts hätten sie ohne Tötungsabsicht gehandelt und lediglich den Schießbefehl ausgeführt. Das Urteil endete mit Freispruch und war – besonders für die nahen Angehörigen Lichtensteins – enttäuschend.■

Kurt Lichtenstein (1911–1961), war seit 1931 Mitglied der Kommunistischen Partei Deutschlands (KPD). Als Kommunist und Jude verfolgt, flüchtete er 1933 in die Sowjetunion. 1936 zog er als Freiwilliger in den Spanischen Bürgerkrieg und ging 1939 nach Frankreich. Von dort aus kehrte er 1944 mit falscher Identität nach Deutschland zurück, um sich als Widerstandskämpfer gegen das Hitler-Regime zu betätigen. Nach Kriegsende wurde er Chefredakteur des KPD-Parteiorgans »Neue Volkszeitung« Von 1947 bis 1950 war er KPD-Landtagsabgeordneter in Nordrhein-Westfalen, 1958 trat er in die SPD ein und arbeitete fortan für die sozialdemokratisch ausgerichtete »Westfälische Rundschau«.   Repro: Jürgen Röling

Heidetraum

Drei weiße Birken golden leuchtend am
alten Schnuckenstall stehn, die Wander
erfreuen, die durch die blühende Heide
geh'n.

Blühende Heide im weißen Sand, blau und
golden im Sonnenlicht blinkende Libellen
tanzen an des Heidebaches Uferrand. Am
moosigen Findelstein, wo die grünen
Wacholder steh'n, Mücken sich im Reigen
dreh'n.

Rubinrot glüht die Heide im Sonnenlicht, ein
Sonnenstrahl sich im blinkenden Wasser des
Heidebaches bricht. Silbern blinkende Fische
huschen über des Baches Grund, Schmetterlinge
schweben über der blühenden Heid geschmückt
mit ihrem schönsten Kleid.

Hummeln und Käfer fröhlich in der linden Heideluft
Brummen, Lerchen jubelnihre Lieder singen, die zu
Ehren der blühenden Heide erklingen.
Im warmen Sommerwind, der Tag verrinnt!

Klaus-Jürgen Gramberger

Schnuckenheide Repke   Foto: Inka Lykka Korth

»Aller-Bullen« im Einsatz gegen das Verkrauten

Im Frühling stiegen einst Männer mit Wathosen und Sensen in den Fluss, um dem Wachstum der Wasserpflanzen Einhalt zu gebieten.

HARALD HARMS

Es waren 14 Männer, überwiegend aus Jembke, die im Jahr 1963 zusätzlich zu ihrer beruflichen Tätigkeit (überwiegend im Volkswagenwerk Wolfsburg) eine wichtige Aufgabe übernommen hatten: die Allerentkrautung. In Gruppen zu etwa acht Personen machten sich sich Jahr für Jahr an die Arbeit, verhindern so, dass die Wasseroberfläche zuwächst.

Diese Mannschaft begann im Mai an der Brücke über die Kleine Aller in Höhe der Bundesstraße 188 bei der Ortschaft Warmenau, die Aller gegen die Fließrichtung auszumähen. Vier Männer in wasserdichten Hosen mit angesetzten Gummistiefeln, sogenannten Wathosen, schwangen kräftig die Sense und mähten Schilf, Schwertlilien und sonstige Wasserpflanzen, die sich im Gewässer breitgemacht hatten ab. Die anderen vier beförderten das angefallene Schnittgut mit Forken auf den Ufersaum.

Damit abgeschnittenes Mähgut nicht vom Wasser fortgespült wurde, hatte man vor dem Mähen drei bis vier Eisenstangen in den Bachlauf gesteckt und eine Dachlatte quer zum Bach gelegt. So konnte weder Schilf noch anderes Schnittgut abtreiben und sich an irgendeiner Stelle sammeln und somit das Wasser stauen. Die im Röhricht befindlichen Tiere (Enten, Blässhühner usw.) wurden aufgescheucht, damit sie durch die scharfen Sensen nicht verletzt wurden.

Täglich wurde in wechselnder Zusammensetzung, entweder vor oder nach der Schicht, die Kleine Aller von

Sechs der 14 »Aller-Bullen« (von links): Manfred Pochilski, Willi Bullmann, Rudolf Frey, Gerhard Werthmann, Lothar Hein, Josef Kindermann.
Foto: Privatarchiv Harald Harms

DIE ALLER-BALLADE

Ihr lieben Leute lasst euch sagen, dies hat sich wirklich zugetragen:

Im Juni gibt es manchen Krach,
die Aller-Bullen werden wach.
Das Gras, es wächst nicht schnell genug,
schon schreien sie: »Das ist Betrug!«
Sie rennen los zu ihrem Boss
und fragen: »Wann geht's endlich los?«
Der Boss, der selber schon gezittert,
hat diese Frage längst gewittert.
»Na ja«, spricht er, »ich will mal sagen,
wenn's Gras gut wächst, in 14 Tagen«.
Das ist den Jungs ein bisschen lange,
vor Arbeit haben sie keine Bange.

Der erste Tag ist angerückt,
die Sense hat man schon gezückt.
Die Stangen, Grepen und den Hammer
holt man aus Wertmanns Rumpelkammer.
Dann hört man nur noch ein Geballer,
sie fahren los, direkt zur Aller.
Man hat sich ernsthaft vorgenommen,
noch 1000 m weit zu kommen.
Nun sind sie da, man staunt und sieht,
wie schön die Aller grünt und blüht.
Jetzt fang'n sie an, sie sind in Fahrt,
das ist die Aller-Bullen-Art.

Sie hol'n ihr Werkzeug aus dem Wagen
und wollen erst mal Enten jagen.
Donald Duck und Ottokar,
die kennen das schon vom letzten Jahr.
Sie haben es deshalb vorgezogen
und sind vorher weggeflogen.
Kein Entenschwanz ist nun zu seh'n,
die Aller-Bull'n dies nicht versteh'n.
Man holt die Decken, Brot und Brause
und macht erst einmal kräftig Pause.
Man knobelt, spielt ein Grand mit Vier
und denkt im Stillen schon ans Bier.

Der Boss gibt seinem Herz 'nen Stoß
und sagt: »Packt ein, wir fahren los.«
In Plumhoffs Kneipe sieht man sie wieder,
sie stärken ihre müden Glieder,
mit einem Bier, das für den Durst
und einer großen Currywurst.
Dann trinken sie noch viele Stunden,
den Rest säuft man in Überstunden.
Drei Wochen hat man schon gerafft
und ein schönes Stück geschafft.
Da schreit der Boss: »Haut ran, ihr Hunde,
das nächste Ziel: Zum kühlen Grunde.«

Die Mühle wird nun angestrebt,
bis das Hemd am Leibe klebt.

Durch die Kleine Aller verursachte Überschwemmung am 25. Dezember 2023 im Bereich der Brackstedter Mühle   Foto: Harald Harms

Warmenau aus in Richtung Brackstedt bis hinter Bergfeld zur Rhodischen Aller, welche die Gemarkungsgrenze zwischen Bergfeld und Tülau bildet, von Wasserpflanzen befreit

Diese Arbeit fand auf der vorgenannten Strecke zweimal im Jahr statt. Eine Strecke war etwa 14 km lang. Dabei mussten beide Ufer und das Bachbett ab- bzw. ausgemäht werden.

An manchen Streckenabschnitten war das Mähen eine unangenehme Arbeit, denn zur damaligen Zeit wurden zum Teil noch ungeklärte Abwässer in die Kleine Aller geleitet. Es stank in diesen Bereichen, besonders im Hochsommer, fürchterlich. Dieser Missstand ist dann aber nach geraumer Zeit abgestellt worden.

Gern erinnert sich Rudolf Frey, ein ehemaliges Mitglied der »Aller-Bullen« – diesen Spitznahmen hatte die Gruppe von der Bevölkerung zwischenzeitlich erhalten – an diese Zeit. Wenn die Arbeit auch schwer war, schweißte sie doch die Gruppe zusammen. Die Kameradschaft war ausgezeichnet.

In einem besonders verregneten Sommer – die Gruppe befand sich etwa in Höhe der Hoitlinger Mühle – baten Landwirte aus Tiddische, die ihre Wiesen an der Aller hatten und die zum großen Teil überschwemmt waren, vorab das Bachbett im Bereich Tiddische auszumähen. Die Gruppe sagte selbstverständlich zu, packte ihr Werkzeug zusammen, fuhr nach Tiddische und begann dort mit dem Ausmähen. Durch diese Maßnahme konnte das schon über die Ufer getretene Wasser wieder ablaufen und somit auch das von den überschwemmten Wiesen. Zum Dank wurde die Gruppe zum Schützenfrühstück nach Tiddische eingeladen.

Zu Ende der Saison, nach getaner Arbeit und Empfang des Lohnes, trafen sich die Männer mit ihren Partnerinnen in der Gaststätte Jembker Hof zu einigen gemütlichen Stunden zum sogenannten »Aller-Ball«. Hier ließ man das vergangene Jahr Revue passieren und erinnerte sich auch gern an kleine lustige Begebenheiten bei der Arbeit. Mit dem Versprechen, sich im kommenden Mai wieder zusammenzufinden, klang der Abend dann aus.

Anlässlich eines solchen Aller-Balles entstand die nebenstehende Ballade von Willi Bullmann.

Im Jahr 1975 übernahm der Aller-Ohre-Verband die Entkrautung der Aller, und die körperlich schwere Arbeit wurde fortan von Maschinen erledigt.

Aus einem Teil der »Aller-Bullen« war nach dem großen Sturm vom 13. November 1972 die »Holzfällertruppe« hervorgegangen, die jahrelang in den Wintermonaten im Wald tätig war.

Eine weitere Maßnahme war die Trockenlegung der Allerniederung. Für diese Aufgabe wurde Anfang der 1950er Jahre der Wasser- und Bodenverband Kleine Aller gegründet. 1972, also 20 Jahre später, konnte endlich das große Werk beginnen und 1978 im Wesentlichen abgeschlossen werden.

Für die Gemarkung Jembke ergaben sich durch diese vielschichtigen Maßnahmen aus landwirtschaftlicher Sicht erhebliche Vorteile. Flächen, die bisher nicht oder nur bedingt nutzbar waren, wurden zu verbesserten Wie-

Man ist erschöpft, die Knie sind weich,
doch ist die Mühle nun erreicht.
Jetzt wird erst einmal Rast gemacht,
das Aller-Bullen-Herz, es lacht.
Man tobt, man schläft, man spielt und zecht
und grabbelt manchen dicken Hecht.
Doch plötzlich schreit der Vorarbeiter:
»Aller-Bullen, es geht weiter!«

Acht Wochen sind nun schon vorbei,
da wird er müde, unser Frey.
Er spielt kein Fußball, auch kein Skat,
er macht es wie der müde Schrat,
haut sich in's Gras, gleich wie die Grafen
und denkt an nichts, als nur ans Schlafen.
Tiddische noch nicht vergessen,
denkt man schon ans warme Essen,
welches Marlis dann serviert,
bei einem schönen Glase Bier.
Montags gibt es Eintopf, schönen,
Samstags lassen sie sich verwöhnen
mit Schnitzel, Soße und Bouillon,
zum Schnitzel auch noch Champignon.

Kurz und gut, man kann schon sagen,
das Richtige für'n Aller-Magen.
Der Chef des Hauses kommt herbei,
nun gibt es gleich ein groß' Geschrei,
man will sogleich dann nach dem Essen,
sich im Fußball mit ihm messen.
So kickern sie dann nach dem Schmaus
Den Aller-Fußball-Meister aus.
Der Kindermann es meistens schafft,
denn seine Schüsse, die mit Kraft
er schießt, wie ein erfahr'ner Jäger
dem Torwart durch die Hosenträger.

Die Arbeit, sie geht immer weiter,
mal ist es schwül, mal ist es heiter.
Scheint die Sonne dann vom Himmel,
kriegt Rudolf Frey gleich seinen Fimmel.

Er nimmt sich Bullmanns Sensenbaum
Und rennt damit zum nächsten Baum
Um ihn, na ja, was soll man sagen,
in zwei gleiche Stück' zu schlagen.

Alle spucken in die Hände,
denn nun kommt das letzte Ende.
Der Manfred fängt schon an zu kochen,
man kann's versteh'n, die Flitterwochen!

Jeden Abend eine Feier
und zum Frühstück dann fünf Eier,
legt sich in's Gras um auszuruh'n
und möchte am liebsten gar nichts tun.
Der Lothar hat schon oft am Morgen
An seinem Knie Meniskus-Sorgen.
Für ihn war die Saison bald aus
Er ging damit ins Krankenhaus.
Robert heißt der Vorarbeiter;
dienstgradmäßig ist er Zweiter.
Mit seinem Boss er sich versteht,
wenn es ums Pause machen geht.

Sie jagen hoch die müden Leiber,
man nennt sie deshalb Sklaventreiber
und außerdem: sie schimpfen, flachsen;
dem Meister soll der Raffzahn wachsen!
Zum zweiten Mal ist man am Ende,
man reibt genussvoll sich die Hände.
Im Stillen denkt man sicher schon
an den großen Aller-Lohn,
welchen man sich eisern, hart,
auch am Schluss verdienet hat.
Bei Gennies hört man tolle Sachen,
man beschließt ein Fest zu machen.

Welches sie, man muss staunen,
feiern woll'n mit ihren Frauen.
Und bald klingt es dann überall,
sie feiern Aller-Bullen-Ball.

sen mit guten Süßgräsern zur Heugewinnung und Weidebetrieb an Stellen, wo vorher einst nur Sauergräser ohne Nährwert vorhanden waren. Teilweise konnten sogar anmoorige Wiesen in Ackerland umgewandelt werden und auf diesen Flächen hochwertige Getreidesorten und Zuckerrüben angebaut werden.

Naturfreunde waren sicherlich betrübt, da tiefe Wunden in die Landschaft gerissen worden sind. Die Flurbereinigung, die der Neuordnung der landwirtschaftlich genutzten Flächen und vor allem der Verbesserung des Wasserabflusses diente, führte zu einer Gefährdung der Kleinbiotope und hatte negative Auswirkungen auf Vögel und Niederwild. Es entstand eine von Bäumen, Büschen, Hecken und Tümpeln befreite, ausgeräumte Landschaft. Zum Ausgleich wurde ein Biotop mit einer Wasserfläche und einer Gehölzanpflanzung im Uferbereich als Schutzgebiet für Vögel und Wildtiere geschaffen. Außerdem wurden Randstreifen von Gräben bepflanzt.

Der Vogelteich am Weg von Jembke nach Tiddische.   Foto: Harald Harms

Heute kann festgestellt werden, dass die Zeit und die veranlasste Renaturierung die Wunden geschlossen und verheilt hat. An vielen Stellen hat sich wieder Naturlandschaft gebildet. Verloren gegangen ist allerdings der einst in vielen Bögen verlaufende Flusslauf der Kleinen Aller. Durch vorgenannte Maßnahme wurde das Flussbett weitgehend begradigt. Was damals »Wasserbaukunst« genannt wurde, gehört, so darf man hoffen, der Vergangenheit an, denn man bemüht sich, den Kanal wieder in einen Fluss umzuwandeln. ■

Kanonenkugeln im Boden – und auf dem Schloss?

• Beulshausen 2002: J. Beulshausen, Die Bürgerhäuser in Gifhorn 1628–1953. Darstellung in 233 Geschichtstafeln. Materialien zur Archivarbeit 5. Gifhorn 2002.

• Bohnenkamp 2025: L. Bohnenkamp, Vakanter Thron, riskanter Krieg. Die sogenannte »Hildesheimer Stiftsfehde« und der Braunschweig-Lüneburgische Krieg vom 18. April bis zum 28. Juni 1519. In: A. Reitemeier, Die Hildesheimer Stiftsfehde. Veröffentlichungen der Historischen Kommission für Niedersachsen und Bremen. Göttingen [erscheint 2025].

• Brüdermann 1997: St. Brüdermann, Chorographia der Hildesheimischen Stiftsfehde von Johannes Krabbe 1591, Hannover 1997.

• Brüggemann 1962: F. Brüggemann, Gifhorn. Die Geschichte einer Stadt. Gifhorn 1962.

• Buthe 1986: E. Buthe, Schloßumbau und Kreishausneubau 1978–1984. Schriftenreihe des Landkreises Gifhorn 2. Wiesbaden 1986.

• Doebner 1908: R. Doebner, Die Hildesheimer Stiftsfehde (1519–1523). Band 1. Nach den Quellen bearbeitet von Wilhelm Roßmann. Hildesheim 1908.

• Eichfeld 2021: I. Eichfeld, Wandernde Wassermühlen: neues Licht auf alte Befunde. Archäologie in Niedersachsen 24, 2021, 98–101.

• Eschelbach 1972: R. Eschelbach, Das Feuergeschütz des Mittelalters (1350–1550). Zusammenfassende Darstellung der Verfahren und Werkstoffe an Hand neuerer Literatur unter Heranziehung historischer Schriften. Technikgeschichte 39/4, 1972, 257–279

• Gabriel 1997: H. Gabriel, Gifhorn, Cardenap 2–4 (Nicolaihof). In: A. Wallbrecht, Archäologische Fundstellen im Landkreis Gifhorn. Teil 2: Die Stadt Gifhorn. Gifhorn 1997, 63–71.

• Gabriel 2004: H. Gabriel, Ein zweites Stauwehr im Gifhorner Cardenap. Gifhorner Kreiskalender, 2004, 17–18.

• Gabriel 2023: H. Gabriel, Gifhorn unterirdisch: Archäologie im Bereich des Stadtgebietes 1982–2019. Ausgrabungen und Ergebnisse auf 23 von 75 Baustellen. Schriftenreihe des Stadtarchivs Gifhorn 4. Gifhorn 2023.

• Götschmann 2018: D. Götschmann, Die Effizienz der frühneuzeitlichen Feuerwaffen. Neue Lösungsansätze für ein altes Problem. Militärgeschichtliche Zeitschrift 78/1, 2018, 99–122.

• Heege 2002: A. Heege, Einbeck im Mittelalter: eine archäologisch-historische Spurensuche. Studien zur Einbecker Geschichte 17. Oldenburg 2002.

• Henke u. Reinäcker 2020: T. Henke u. M. Reinäcker, Die Dachkonstruktion des Torhauses im Schloss zu Gifhorn. Gifhorner Kreiskalender, 2020, 9–14.

• Hesse 2012: St. Hesse, Die archäologischen Untersuchungen an der Burg in Clüversborstel, Gde. Reeßum, im Jahr 2007. Archäologische Berichte des Landkreises Rotenburg (Wümme) 17, 2012, 69–109.

• Koch 1999: J. Koch, Ausgrabungen im »Eulennest«. Auf den Spuren der Peiner Burg. Archäologie in Niedersachsen 2, 1999, 140–143.

• Kroener 2013: B. R. Kroener, Kriegswesen, Herrschaft und Gesellschaft 1300-1800, München 2013.

• Müller 1968: H. Müller, Deutsche Bronzegeschützrohre 1400–1750. Berlin 1968.

• Ortenburg 1984: G. Ortenburg, Waffe und Waffengebrauch im Zeitalter der Landsknechte. Heerwesen der Neuzeit 1. Koblenz 1984.

• Pause 2015: C. Pause, Die Kanonenkugeln Karls des Kühnen. In: S. Kronsbein & M. Siepen, Beiträge zur Archäologie des Niederrheins und Westfalens. Festschrift für Christoph Reichmann zum 65. Geburtstag. Niederrheinische Regionalkunde 22. Krefeld 2015, 271–283.

• Quaritsch 1959: A. Quaritsch, Burg und Stadt Peine in der Hildesheimer Stiftsfehde. Peine 1959 (1899).

• Reitzenstein 1896: J. v. Reitzenstein, Das Geschützwesen und die Artillerie in den Landen Braunschweig und Hannover von 1365 bis auf die Gegenwart. Erster Theil. Leipzig 1896.

• Roshop 1981: U. Roshop, Gifhorner Schloß wurde vor 400 Jahren vollendet. Einst in ganz Norddeutschland bewundert. Gifhorner Kreiskalender, 1981, 20–23.

• Roshop 1982: U. Roshop, Gifhorn. Das Werden und Wachsen einer Stadt. Gifhorn 1982.

• Roshop 1985: U. Roshop, Das Gifhorner Ratsbuch I. Gifhorn 1985.

• Schmidtchen 1977: V. Schmidtchen, Bombarden, Befestigungen, Büchsenmeister. Von den ersten Mauerbrechern des Spätmittelalters zur Belagerungsartillerie der Renaissance. Eine Studie zur Entwicklung der Militärtechnik. Düsseldorf 1977.

• Stanelle 1982: U. Stanelle, Die Schlacht bei Soltau. Niedersächsisches Jahrbuch für Landesgeschichte 54, 1982, 153–188.

• Wendrich 1983: B. Wendrich, Die älteste Wassermühle stand am Ufer der Ise. Am Cardenap blieb der Name. Gifhorner Kreiskalender,

1984, 28–31.

• Wendrich 1986: B. Wendrich, Altstadt Gifhorn: Grabungsfunde 1982/84: Informationen zur Sonderausstellung. Gifhorn 1986.

• Wilson 2023: P. H. Wilson, Eisen und Blut. Die Geschichte der deutschsprachigen Länder seit 1500. Darmstadt 2023.

Kann man als Christ Soldat sein?«

• Anonymus: »Die Kriegs=Obersten Niedersachsens im 15. und 16. Jahrhundert. 1. Aschwin von Cramm« in »Archiv für Geschichte, Genealogie, Diplomatik und verwandte Fächer. Hrsg. durch einen Verein von Gelehrten und Freunden deutscher Geschichts- und Stammeskunde«, Verlag J. S. Cast, Stuttgart 1846

• Hans-Georg Aschoff: »Die Welfen. Von der Reformation bis 1918«, Verlag W. Kohlhammer, Stuttgart 2010

• Stefan Brüdermann: »Chorographia der Hildesheimischen Stiftsfehde von Johannes Krabbe 1591«, Niedersächsisches Hauptstaatsarchiv, Hannover 1995/97

• Martin H. Jung (Hrsg): »Luther lesen. Die zentralen Texte«, Verlag Vandenhoeck & Ruprecht, Göttingen 2017

• Wilhelm Roßmann/Richard Doeber: »Die Hildesheimer Stiftsfehde (1519-1523)«, Verlag Gebr. Gerstenberg, Hildesheim 1908

• Wikipedia: Diverse Seiten zu den Personen und Schlachten

Sprechende Bilder

• Apphuhn, Horst (1966): Kloster Isenhagen. Kunst und Kult im Mittelalter. Stern'sche Buchdruckerei Lüneburg

• Baule, E.W. (1931: Die Wiederherstellungsarbeiten in der Klosterkirche in Isenhagen. Kreiskalender Isenhagen 1931, S. 98-101

• Boehn, Otto von: Eine alte Celler Kanzel in der Klosterkirche zu Isenhagen. Kreiskalender Gifhorn-Isenhagen 1951, S. 56-59

• Geckler, Christa (1986): Die Celler Herzöge. Verlag Georg Ströher Celle, S. 69

• Klosterkammer Hannover, Hrsg. (2008): Evangelische Klöster in Niedersachsen. Hinstorff Verlag Rostock, S. 62-66

• Minthoff, Hect. Wilhelm Heinrich (Reprint der Ausgabe von 1877): Kunstdenkmale und Altertümer im Hannoverschen. Vierter Band: Fürstentum Lüneburg. Druck- und Verlagsanstalt Husum

• Thieme, Ulrich und Felix Becker (Nachdruck der Ausgabe von 1933/34): Allgemeines Lexikon der bildenden Künstler von der Antike bis zur Gegenwart. Seemann Verlag Leipzig, Band 27/28, Artikel Röttger, S. 506/07

Eine neue Schule für Gifhorn

• Ekkehard Buthe: »Schloßumbau und Kreishausneubau 1978-1984«, Schriftenreihe des Landkreises Gifhorn - Band 2, Verlag für Architektur, Wiesbaden 1986

• Hans-Walter Krumwiede: »Kirchengeschichte Niedersachsens«, Verlag Vandenhoeck & Ruprecht, Göttingen 1995

• Ulrich Roshop: »Beitrag zur Schulgeschichte der Stadt Gifhorn«, Veröffentlichungen Heft 1 des Museums- und Heimatverein Gifhorn e.V., Gifhorn 1977

• Wikipedia: div. Artikel zu Schule und Seminar

Jüdisches Leben in Hankensbüttel

• Unruh, Volker: Hankensbüttel. Isenhagen. Ein Orts-, Höfe- und Familienbuch, Heimatverein Hankensbüttel-Isenhagen e.V., Hankensbüttel/Bonn, 1992

• Blunk, Harro (Vorsitzender des Fördervereins Burg Bodenteich): zahlreiche Materialien aus dem Vereinsarchiv

• Einen genealogischen Überblick über die jüdischen Familien des Synagogenbezirkes Bodenteich-Hankensbüttel ist im Internet unter folgendem Link zu finden: https://gw.geneanet.org/synagoge_w?lang=de&pz=daniel&nz=hirschfeld&m=D&p=moses+abraham&n=hirsch&siblings=on&notes=on&t=T&v=6&image=on&marriage=on&full=on

• Storz, Harald: Als aufgeklärter Israelit wohlthätig wirken: der jüdische Arzt Philipp Wolfers (1796-1832), Göttingen 2005, S. 213f.

Da, wo alles stark und ohne Ende ist

- Die Kirche im Dorf [Gemeindebrief der Kirchengemeinde Wahrenholz], 35. Jg. Nr. 2 (Mai-Juli 2005), S. 14-16
- Tobias Haaf, Sondergerichte (1933-1945), publiziert am 20.02.2023, in: Historisches Lexikon Bayerns, URL: <https://www.historisches-lexikon-bayerns.de/Lexikon/Sondergerichte_(1933-1945)> (aufgerufen am 23.11.2023)
- Werthmann, Thea: »... wo die Sonne richtig ist ...«. Tönning 1993
- Werthmann, Wilhelm: Geschichte der Gemeinde Wahrenholz. Hermannsburg 1970, S. 47-51

Sammelsurium mit Service-Charakter

- Kreisausschuß des Kreises Isenhagen (Hrsg.): Isenhagener Kreiskalender. Ein Heimatbuch für den Kreis auf das Jahr 1926, Neefsche Buchdruckerei, Wittingen 1925
- Kreis Gifhorn (Hrsg.): Kreiskalender für Gifhorn-Isenhagen. Ein Heimatbuch für das Jahr 1934, Buchdruckerei Scheller, Wittingen 1933
- Wangerin, Gero: Zur Geschichte der Kreiskalender im 20. Jahrhundert, in: Gesamtinhaltsverzeichnis der Kreiskalender 1926–1999, Materialien zur Archivarbeit Band 2, Kreisarchiv Gifhorn (Hrsg.)1999
- Meyer, Adolf: »Wegbereiter der modernen Gebrauchsgrafik«, in: Kreiskalender für Gifhorn-Isenhagen 1971, Seite 64 f.

Todesschüsse an der innerdeutschen Grenze

- Zunder, Rainer: Erschossen in Zicherie. Vom Leben und Sterben des Journalisten Kurt Lichtenstein. Berlin 1994.
- Grenzschützenprozess: Lichtenstein: Erster Toter an der Grenze. In: Isenhagener Kreisblatt vom 26.08.1997
- https://de.wikipedia.org/wiki/Kurt_Lichtenstein

Ältere Ausgaben der historischen Jahrbücher

Jetzt noch erhältlich – solange der Vorrat reicht

Nutzen Sie die Gelegenheit und bestellen Sie Restexemplar der historischen Jahrbücher 2021 und 2022 – die Ausgabe 2023 und 2024 sind vergriffen, aber digital als E-Paper erhältlich – für Ihre heimatkundliche Sammlung direkt beim *Calluna* Südheide Verlag.
Die 1885-Bücher kosten jeweils € 10,90. Die Lieferung erfolgt versandkostenfrei.
Antiquarisch sind in unserem Internet-Buchladen auch noch verschiedene Kreiskalender-Jahrgänge erhältlich.
Direktkauf im Internet-Buchladen: www.calluna-buch.de
Bestellung per E-Mail: kontakt@calluna-verlag.de

Gerd Blanke ...

... aus Altendorf engagiert sich seit vielen Jahren als Naturschützer und schreibt über heimatkundliche Themen aus dem Bromer Land.

Kurt-Ulrich Blomberg ...

... aus Wittingen kehrte als Pastor im Ruhestand in seinen Geburtsort zurück und betätigt sich seither als Heimat-Historiker und Buchautor.

Lennart Bohnenkamp ...

... wohnt in Gifhorn und arbeitet seit 2014 als Historiker am Institut für Geschichtswissenschaft der Technischen Universität Braunschweig.

Peter Dietz ...

... unterrichtete nach seinem Geschichts- und Romanistikstudium am Gymnasium Hankensbüttel. Als Ruheständler beschäftig er sich mit Genealogie und erforscht die historischen Lebensumstände der Ahnen seiner Familie. Seine Ergebnisse publiziert er im Internet. Seit 1988 engagiert er sich kommunalpolitisch sowohl auf Gemeinde- als auch Kreisebene.

Karsten Eggeling ...

... aus Gifhorn ist einer der Autoren der Gamsener Ortschronik und seit vielen Jahren als Heimatforscher und Autor aktiv.

Dr. Ingo Eichfeld ...

... ist seit 2017 als Kreisarchäologe für den Landkreis Gifhorn, seit Mitte 2019 auch für die Stadt Gifhorn tätig. Ingo Eichfeld studierte Vor- und frühgeschichtliche Archäologie, Klassische Archäologie und Historische Geographie an den Universitäten Bonn, Köln und Lampeter (Wales).

Dr. phil. Hannelore Furch ...

... aus Rösrath wurde in Neubokel bei Gifhorn geboren, In Köln studierte sie Germanistik und promovierte im Fachgebiet Literaturwissenschaft. Sie hat neun Bücher veröffentlicht und ist Vorsitzende der literarischen Vereinigung *Die Gruppe 48*.

Dr. Uwe Gierz ...

... aus Gifhorn war bis 2016 bei Volkswagen im Rechenzentrum tätig, ist seitdem Rentner und Mitglied im Kirchenvorstand von St. Nicolai. Er schreibt Beiträge zu Gifhorner Kirchengeschichte und über die Eisenbahn.

Gerhard Glauner ...

... aus Stadthagen flüchtete als Kind 1945 mit seiner Familie aus Pommern und fand im Isenhagener Land eine neue Heimat. Er lebte zunächst in Isenhagen, später in Dedelstorf, bevor er im Lebensmittelgroßhandel Karriere machte. Der ehemalige Chorleiter liebt klassische Musik und das Schreiben.

Klaus-Jürgen Gramberger ...

... aus Ohof schreibt plattdeutsche Gedichte, zeichnet die Heidelandschaft und engagiert sich als Heimatforscher im Haus der Geschichte, dem historischen Archiv in Meinersen.

Harald Harms ...

... aus Jembke ist einer der Autoren des Buches »Hofstellenbeschreibungen der Jembker Höfe von 1 - 99« und zahlreicher weiterer heimatkundlicher Veröffentlichungen.

Inka Lykka Korth ...

... aus Oerrel ist Redakteurin und Verlegerin. Sie gestaltet und lektoriert Bücher und Zeitschriften zu regionalen Themen und fotografiert Land und Leute.

Anneliese Leffler ...

... aus Müden (Aller) schreibt hochdeutsche und plattdeutsche Gedichte und Geschichten und ist Plattdeutschbeauftragte im Landkreis Gifhorn. Außerdem widmet sie sich der Genealogie und Heimatforschung. Sie war maßgeblich an der Dorfchronik Müden (Aller) und weiteren heimatkundlichen Schriften beteiligt.

Stefan Luttmer ...

... aus Wahrenholz ist seit 1992 als Archivar im Niedersächsischen Landesarchiv – Abteilung Wolfenbüttel tätig. Er ist Gründungsmitglied des Heimatvereins Wahrenholz und engagiert sich dort v.a. in der Lokalgeschichtsforschung sowie der Familienforschung. Außerdem betreut er ehrenamtlich das Gemeindearchiv Wahrenholz.

Ilse Oertel ...

... aus Teschendorf wurde in Wittingen geboren. Sie war Verwaltungsangestellte und Schulsekretärin. Seit vielen Jahren verfasst und veröffentlicht sie plattdeutsche und hochdeutsche Kurzgeschichten und Gedichte. Als Hobbykünstlerin gestaltet sie Leinenbilder-Naturcollagen.

Klaus-Dieter Oppermann ...

... aus Triangel begeistert sich für alte Landkarten und interessiert sich besonders für historische Handelsstraßen und andere alte Verkehrswege. Außerdem berichtet er aus der Geschichte des Uniformierten Schützenkorps Gifhorn, das ihn zum Ehrenhauptmann ernannt hat.

Jürgen Röling ...

... aus Wunderbüttel studierte Politikwissenschaft, Mathematik und ev. Religion und wurde Lehrer an der IGS in Göttingen-Geismar.

Karl-Heinz Rosanowski ...

... aus Hildesheim lebte von 1947 bis 1958 in Oerrel. Nach 36 Jahren Tätigkeit als Bau-Ingenieur (Statiker) hat er im Rentenalter seine Liebe zum Schreiben wiederbelebt. Andere Hobbys: Naturschutz und Ornithologie, Fotografie und Reisen.

Wolfgang Schröter ...

... aus Hankensbüttel hat sein Berufsleben in den Dienst der Bundeswehr gestellt. Im Ruhestand schreibt er pointierte Gedichte zu Alltagsthemen und zeichnet Erinnerungen an seine Jugend in Knesebeck auf, wo sein Vater Küster und Friedhofswärter war.

Dr. phil. Henning Tribian ...

... aus Hankensbüttel war Fachobmann für Geographie am Gymnasium Hankensbüttel. Sein besonderes Interesse gilt der Kulturgeschichte des Isenhagener Landes.

Redaktion, Herausgeber und Verlag ...

... danken den ausnahmslos ehrenamtlich tätigen Autorinnen und Autoren für ihre wertvollen Beiträge, mit denen sie die Reihe *1885* mit Leben füllen.

Weitere Autorinnen und Autoren ...

... sind jederzeit willkommen. Bitte reichen Sie Ihre Beiträge für das historische Jahrbuch 2026, möglichst mit druckfähigen Abbildungen, bitte bis spätestens 31. Juli 2025 unter der E-Mail-Adresse 1885@calluna-verlag.de ein.

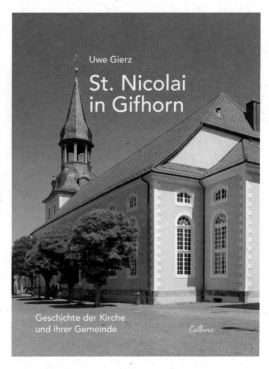